PATER ANSELM BILGRI
PETER K. KÖHLER · BIRGIT ADAM

Geheimnisse der Klosterbrauerei

BIERIGE KOCH- UND HEILREZEPTE AUS DEM KLOSTER ANDECHS

SANKT ULRICH VERLAG GmbH

Die Deutsche Bibliothek-CIP-Einheitsaufnahme

Bilgri Anselm /
Köhler Peter K. / Adam Birgit:

Geheimnisse der Klosterbrauerei:
Bierige Koch- und Heilrezepte aus dem Kloster Andechs /
Anselm Bilgri / Peter K. Köhler / Birgit Adam.
Augsburg: Sankt Ulrich Verl., 1998
ISBN 3-929246-29-5

Layout und Umschlaggestaltung:
Cornelia Harreiß-Kraft

Fotos:
H.-G. Kaufmann/FMC GmbH
Das Bildmaterial wurde uns freundlicherweise
vom Kloster Andechs und vom Kunstverlag Peda
zur Verfügung gestellt.

Druck und Herstellung:
Ludwig Auer GmbH, Donauwörth
Printed in Germany
ISBN 3-929246-29-5

Inhalt

Inhalt

Inhalt

BIER HILFT HEILEN

BIER MACHT SCHÖN

ZUM NACHSCHLAG

Rezepte mit Bier

Rezepte mit Bier

Rezepte mit Bier

Rezepte mit Bier

Zum Geleit

Zum Geleit

An einem schönen Sommerwochenende pilgern wahre Heerscharen von Touristen nach Andechs – um die 10 000 kommen an einem Feiertag, etwa eine Million Besucher zählt das Kloster pro Jahr. Vielen macht es dabei überhaupt nichts aus, daß sie das Benediktinerkloster gar nicht erst erreichen, sondern lieber auf halber Höhe im Biergarten verweilen, liegt doch der Ruhm des Heiligen Berges am Ammersee zu gleichen Teilen in seinem Bier und seinem Kloster begründet. Will man der Frage nachgehen, ob nun das Kloster vom Ruf des guten Andechser Bieres – vor allem dem berühmten Doppelbock – profitiert, oder ob sich die Bekanntheit des Bieres auf das Kloster gründet, so ist das wie die Frage nach der Henne und dem Ei: Man kommt zu keinem Ergebnis – Kloster und Bier sind ohne einander nicht zu denken.

Sinnenlust und Seelsorge, Bier und Wallfahrt – in Andechs werden Begriffe verbunden, die auf den ersten Blick widersprüchlich erscheinen. Doch sehen die Benediktiner ihr Anliegen darin, Leib und Seele ins rechte Lot zu bringen, und dazu zählt eben auch die Verpflegung. So gründet sich Kloster Andechs auf drei Säulen: Erstens natürlich das Benediktinerkloster mit seiner barocken Kirche, zweitens die Klosterbrauerei und drittens die Gastronomie, neben dem berühmten Bräustüberl auch der Klostergasthof. Diese drei Säulen stützen sich gegenseitig und könnten ohne einander nicht existieren. Essen und Trinken hält eben Leib und Seele zusammen: Geist und Gemüt, Herz und Sinne werden in Andechs gleichermaßen versorgt.

Der Besucher in Andechs wird gewissermaßen mit einer Art „Bayern im Miniaturformat" konfrontiert, findet er hier doch alles, was Bayern ausmacht, auf einem Fleck: Berge und Seen, den berühmten weiß-blauen Himmel, ein Benediktinerkloster mit einer barocken Kirche und schließlich auch das viel gerühmte bayerische Bier in der Andechser Brauerei und im Bräustüberl. Bayerische Frömmigkeit und Lebenslust werden hier perfekt verbunden.

Die berühmte Andechser Brauerei produziert etwa 90 000 Hektoliter Bier pro Jahr. Auch in Übersee muß man nicht auf das Andechser Bier verzichten. So wird in Kanada das „Andechs Spezial Hell" in Lizenz gebraut – nach dem bayerischen Reinheitsgebot versteht sich. Heute stellt die Andechser Brauerei neben dem berühmten Doppelbock auch helles und dunkles Bier her, seit 1993 auch Weißbier. Alkoholfreies Bier sucht man hier jedoch vergebens.

Da das Benediktinerkloster kein Geld aus der Kirchensteuer erhält, ist es auf das Wirtschaftsunternehmen „Andechs" angewie-

Zum Geleit

sen, um seinen Unterhalt zu bestreiten. An der Spitze dieses Betriebes steht auch hier ein Manager – oder Zellerar, wie es in der Regel des heiligen Benedikt geschrieben steht: Pater Anselm Bilgri. Bei aller Bierseligkeit darf man ja nicht vergessen, daß Andechs nach wie vor ein Wallfahrtsort ist. Tausende von Pilgern ziehen am Himmelfahrtstag, dem traditionellen Wallfahrtstag, auf den Heiligen Berg. Durch die im Kloster gesammelten Reliquien verfügt Andechs auch über Verbindungen nach Frankreich und Ungarn und ist somit europaweit ein wichtiges religiöses Zentrum. Auch die Pflege der Kultur, der sozialen Arbeit und Wissenschaft spielen eine wichtige Rolle im klösterlichen Leben. Modern gesprochen ist Kloster Andechs Wirtschaftsunternehmen und Ordensniederlassung in einem – aber das Bestreben, darüber hinaus mehr und mehr zu einem „ganzheitlichen" geistlichen Zentrum der Region zu werden, ist tief verankert in der Tradition der Klöster überhaupt.

Das herrliche Andechser Bier freilich ist zunächst und vor allem ein hervorragender Durstlöscher. Und daran soll auch dieses Buch nichts ändern. Doch Bier ist eben weit mehr, denn man kann es äußerst vielfältig in der Küche einsetzen: Suppen, Soßen, Fleisch- und Fischgerichte, ja sogar Gemüse, Desserts oder Kuchen und Gebäck erhalten vollkommen neue Geschmacksnuancen, wenn man statt Wasser, Bouillon oder Milch zur richtigen Flasche greift und die Flüssigkeit ganz oder teilweise durch Bier ersetzt.

Wein, Champagner, Liköre oder Schnäpse haben seit langem ihre festen Plätze in Küche und Backstube erobert. Zuerst und vor allem schätzt man sie natürlich, weil sie Nase und Gaumen sehr aufregende, neue Erlebnisse bieten. Doch die Alkoholika haben in Töpfen und Schüsseln, in Formen und Pfannen auch ganz andere, sozusagen technische Aufgaben zu erfüllen. Der Alkohol verändert die Konsistenz vieler Zutaten während des Kochens und Backens. Fleisch wird besonders mürbe und zart, Teige gehen sehr stark auf und bleiben duftig-locker, Cremes erhalten einen unvergleichlichen Schmelz, um nur ein paar Eigenschaften herauszustellen.

Im Gegensatz zum Wein führt Bier in der Küche eher ein bescheidenes Dasein. Dabei weist es durchaus vergleichbare Eigenschaften auf. Vielleicht ist es sein Ruf als Dickmacher, der viele Hausfrauen und Köche davon abhält, Dunkles, Weizen, Pils oder Märzen auch in der Küche zu verwenden. Eine Sorge übrigens kann man vollkommen vergessen: Alle Gerichte, die mit Bier gekocht, gebraten oder gebacken sind, enthalten keinen Alkohol. Denn der siedet bereits bei relativ niedrigen Temperaturen und ist daher schon nach wenigen Minuten restlos verdampft. Daher können auch kleine Kinder

oder Menschen, die Alkohol nicht vertragen, alle Gerichte und Gebäcke genießen, die mit Bier gemacht wurden.
In allen Regionen, in denen Bier getrunken wird, nehmen es Hausfrauen und Köche daher auch als würzige Zutat für kalte und warme Speisen. Nun wollen wir natürlich nicht behaupten, Bier könnte jedem Gericht eine raffinierte, interessante und attraktive Geschmacksnote verleihen, wir wollen Sie aber gleichwohl auffordern, einmal Rezepte mit dem edlen Gerstensaft auszuprobieren, eigene Erfahrungen zu sammeln und schließlich selbständig Bier in der Küche zu verwenden.
Zur Anregung haben wir Ihnen eine große Auswahl erprobter Rezepturen zusammengestellt, die allesamt zu wirklich genießbaren Ergebnissen führen. Wir haben bewußt relativ viele Gerichte ausgewählt, die verhältnismäßig einfach zuzubereiten sind. Um Ihnen zu zeigen, daß Bier aber durchaus auch Qualitäten für die ambitionierte, große Küche entwickeln kann, sollten Sie sich unbedingt die aufwendigeren Rezepte anschauen. Bei genauerem Hinsehen sind die Soßen, Desserts, Gemüse- oder Fischkreationen aber gar nicht so schwierig nachzukochen. Wenn nichts anderes angegeben, sollte man dabei das Bier stets erst nach dem Kochen

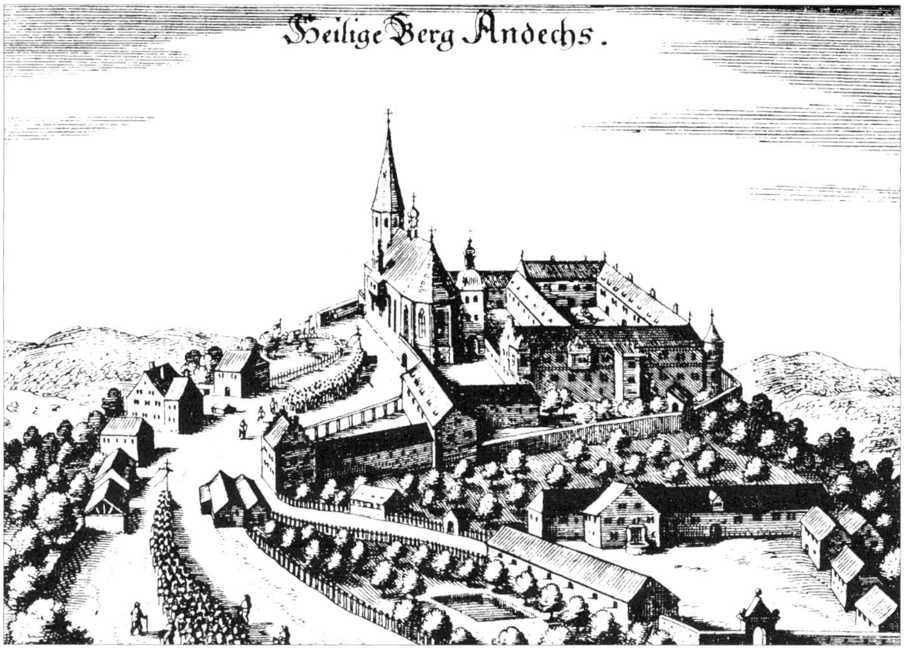

Seit Jahrhunderten Ziel von Pilgerzügen: der Heilige Berg Andechs (Kupferstich aus Matthäus Merians „Topographie Bavariae“, 1644)

Zum Geleit

zugeben, also zum Ablöschen verwenden, da das Gericht sonst leicht einen bitteren Geschmack annehmen kann.
Sie werden vermutlich bereits nach sehr kurzer Zeit ein eigenes, sicheres „Biergefühl" für die Küche entwickeln. Lassen Sie Ihrer Phantasie freien Lauf und experimentieren Sie auch mal bei Ihren Lieblingsgerichten mit dem gelben oder braunen Gold aus der Brauerei. Denn der Volksmund hat ganz sicher recht wenn er sagt: ProBIERen geht über studieren!
Alle Rezepte verstehen sich für vier durchschnittliche oder drei „gute" Esser. Für die Getränke, die Sie zum Essen anbieten sollten, gilt fast immer die Faustregel: Schenken Sie die gleiche Biersorte aus, mit der Sie auch gekocht haben, aber machen Sie daraus bitte keinesfalls eine bierernste Regel: Entscheidend sind letzten Endes immer der individuelle Geschmack und die persönlichen Vorlieben.
Neben leckeren und schmackhaften Rezepten bietet Ihnen dieses Buch allerhand Wissenswertes über das „flüssige Brot" und seine Verbindung zum Kloster Andechs. Es zeigt Ihnen, wie ein gutes Bier gebraut wird und was man mit dem Gerstensaft noch anfangen kann, außer ihn zu trinken: So ist Bier nämlich auch ein bewährtes Heil- und Schönheitsmittel.
Viel Vergnügen bei Ihrer kulinarischen Reise durch die Klosterbrauerei Andechs wünschen Ihnen

Rezepte mit Bier

Ausbackteig

PILGERNDE BÜSSER UND BRAUENDE MÖNCHE

Legt man heutige Maßstäbe an, dann könnte man mit Fug und Recht sagen, der Heilige Berg von Andechs und sein Kloster verdankten ihre Gründung und Bedeutung einer frühen Welle des organisierten Massentourismus. Denn Pilgerzüge und Wallfahrten waren im 12. Jahrhundert, als bei der gräflichen Burg Andechs erstmals eine dem Patron der Pilger und Wallfahrer, dem heiligen Nikolaus geweihte Kirche bezeugt wurde, längst zu einer echten Volksbewegung geworden. Jahr um Jahr machten sich Tausende von Menschen auf den Weg, um die bekannten heiligen Stätten, die Orte der Gnade und der wunderwirkenden Reliquie aufzusuchen.
Doch nicht nur Hoffnung auf geistliche Stärkung trieb die Leute auf ihren langen, beschwerlichen und oft äußerst gefährlichen Reisen. Oft genug waren es auch die Flucht vor der blanken Not daheim, die Hoffnung auf Arbeit und Brot, die Frauen und Männer in die Ferne zogen. Und nicht zuletzt machten reuige Brandstifter, Mörder, Diebe und andere Sünder einen großen Teil der Pilgerscharen aus, die auf den Straßen unterwegs waren. Kirchliche und landesherrschaftliche Richter schickten Verbrecher zum Absitzen ihrer weltlichen Strafe für einige Jahre in den Kerker. Danach mußten die Sünder und Missetäter häufig ihre Buße vor Gott durch weite Wallfahrten, die oft sechs und acht Jahre lang dauerten, unter Beweis stellen, um Vergebung zu erlangen. Eine Wallfahrt nach Rom, Jerusalem oder Santiago galt als angemessenes Bußwerk sogar für

EIN WICHTIGES GRUNDREZEPT: BIERTEIG

Zutaten:

2	*Eier*
1/8 l	*helles Bier*
200 g	*Mehl*
	Salz
	Zucker

Zubereitung:

Eier in Eiweiß und Eigelb trennen. Eigelb mit Bier und Mehl zu einem Teig verrühren und eine Prise Salz und Zucker dazugeben. Einige Minuten ruhen lassen. Eiweiß zu Eischnee schlagen, Eischnee dann vorsichtig unter den Teig ziehen.

Bierteig läßt sich vielseitig verwenden. So kann man zum Beispiel Scampi, Pilze, Zucchini- oder Auberginenscheiben durch den Bierteig ziehen und sie dann in heißem Fett ausbacken.

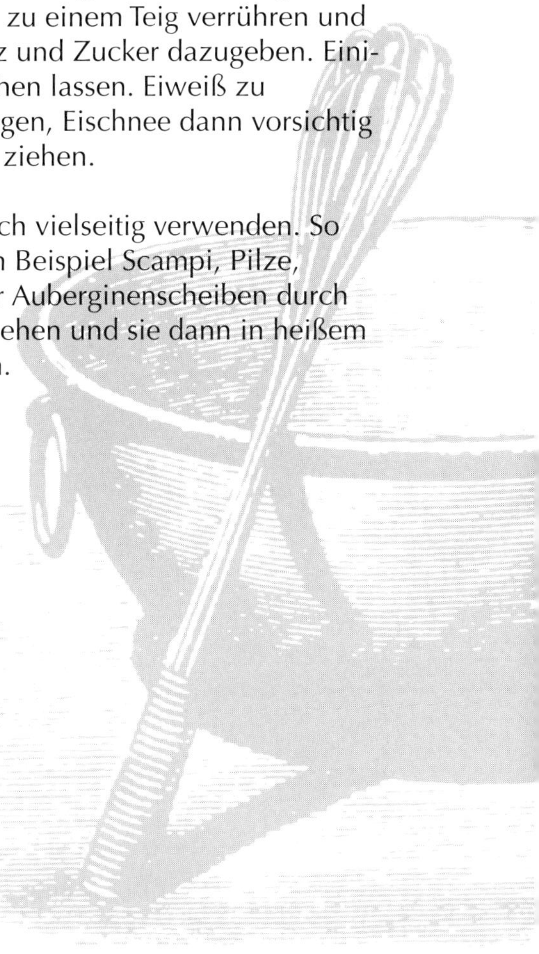

Suppen

SCHWARZBROTSUPPE MIT DUNKELBIER UND WÜRSTELN

Zutaten:

125 g	*altes Schwarzbrot*
1	*mittelgroße Zwiebel*
50 g	*Butter*
1 EL	*Mehl*
750 ml	*Rinderbrühe*
125 ml	*Dunkelbier*
2 EL	*Sauerrahm oder Joghurt*
1/2 TL	*getrockneter Majoran*
2	*Eier*
4	*Wiener Würstel*
	Zucker, Salz
	schwarzer Pfeffer

Zubereitung:

Das Schwarzbrot grob reiben. Zwiebel hacken und in 30 Gramm Butter glasig dünsten, die Brotkrümel dazugeben und weiter dünsten, bis alles schön gelb ist.

In einer kleinen Pfanne das letzte Stück Butter zergehen lassen, einen Eßlöffel Mehl zugeben, gut anschwitzen und mit einigen Eßlöffeln Brühe ablöschen. Durchrühren, aufkochen lassen und beiseite stellen.

Die restliche Brühe bei mittlerer Hitze zu Zwiebel und Brot gießen, das Bier und den Buttermehlbrei sowie Majoran und Sauerrahm zufügen und gut durchrühren. Mit Salz, Pfeffer und einer Prise Zucker abschmecken. Nicht mehr kochen.

Die Eier verkleppern und einrühren, die Würstel in Scheiben schneiden, in die Suppe einlegen und kurz ziehen lassen.

Kloster Andechs und die Gnadenmadonna von 1730/40

Mord oder Kirchenraub und war eine gerechte, humane Alternative zur Todesstrafe. Im 13. Jahrhundert bezeichnete das Wort „Peregrinus" im Sprachgebrauch des Volkes nicht nur den gottesfürchtigen, wandernden Pilger, sondern auch den Verbrecher.
Auf ihren Wanderungen brauchten die Pilger einen besonderen Schutz. Denn in jeder Landesherrschaft galt eine eigene Gesetzbarkeit und es hätte jeder Willkür und Begehrlichkeit Tür und Tor geöffnet, wären die Pilger in vollem Umfang der

jeweiligen Gesetzgebung unterstanden. Die drei Laterankonzilien des 12. Jahrhunderts formulierten daher gesetzliche Regelungen, die eine Art internationales Pilgerrecht darstellten: Pilgern wurden bestimmte Rechte und Privilegien zugestanden, die ihre Sicherheit und Reisefreiheit garantierten – unabhängig von ihrem Stand und ihrer landsmannschaftlichen Herkunft. Vor allem mußte ihnen die Benutzung der Pilgerrouten gestattet werden und sie hatten das Recht, sich in den Herbergen am Weg auszuruhen und mit den Waren einzudecken, die sie für ihre Weiterreise benötigten.

DAS PILGERRECHT BIETET SCHUTZ

Im Pilgerrecht war auch geregelt, welche Ablässe man durch die Fahrt zu einem Wallfahrtsort erlangen konnte. Je mehr Ablässe man mit seinen Gebeten am Ziel seiner Pilgerreise erwerben konnte, desto beliebter war die Wallfahrt. Ganz oben auf den Listen standen die drei Hauptorte Jerusalem, Rom und das Jakobusgrab in Santiago de Compostela, das vor allem für Gläubige nördlich der Alpen attraktiv war, da man es relativ schnell und einfach erreichen konnte. Gleich an vierter Stelle in der Hierarchie der Wallfahrten kam die zum heiligen Leonhard im altbayerischen Inchenhofen nordöstlich von Augsburg. Doch auch St. Martin in Tours, die Reliquien der Heiligen Drei Könige in Köln, die Wallfahrten in Aachen, Trier, Sankt Gallen oder Canterbury zogen die Gläubigen in Scharen an. In Süddeutschland galt Andechs mit dem berühmten Reliquienschatz seiner Nikolauskirche als bedeutender gnadenreicher Ort.

BERLINER BIERSUPPE

Zutaten:

50 g	*Butter*
50 g	*Mehl*
1 l	*dunkles Bier*
1	*Eigelb*
1 EL	*Rum*
1 EL	*Weißwein*
	abgeriebene Schale einer halben Zitrone
	Weißbrot
je 1 Prise	*Ingwer, Zimt, Salz und Muskat*
25 g	*Zucker*

Zubereitung:

Die Butter schmelzen und mit dem Mehl leicht bräunen, mit dem Bier ablöschen und gut verrühren, Ingwer, Zimt, Salz und Muskat zugeben und fünfzehn Minuten köcheln.

Inzwischen das Eigelb mit Zucker, Rum, Weißwein und der Zitronenschale verrühren, die heiße Suppe darübergießen und durch ein Sieb in die Terrine geben. Mit gerösteten Weißbrotscheiben servieren.

BENEDIKTINERSUPPE

Zutaten:

1	*mittelgroße Forelle*
1	*Handvoll glatte Petersilie*
1	*kleine Zwiebel*
30 g	*Butter*
250 ml	*helles Bier*
375 ml	*entfettete Hühnerbrühe*
125 ml	*Rahm*
3 EL	*Sauerrahm*
8	*Weißbrotscheiben*
30 g	*Butter*
2 EL	*frisch geriebener Parmesankäse*
	Zucker
	Salz

Zubereitung:

Die Forelle filetieren, Gräten mit einer Pinzette auszupfen und die Filets in Würfel schneiden. In einem mittelgroßen Topf die Butter zerlassen, die gehackte Zwiebel sowie die Fischreste samt Kopf und Gräten zugeben, andünsten, mit Bier und Hühnerbrühe aufgießen und fünf Minuten köcheln lassen.

Inzwischen die halbierten Weißbrotscheiben in der restlichen Butter goldbraun rösten, den Parmesan darüber streuen, beiseite stellen.

Die Brühe durch ein feines Sieb in einen Topf gießen. Bei mittlerer Hitze die Fischwürfel einlegen, die fein gehackte Petersilie, Rahm und Sauerrahm zugeben. Mit Salz und Zucker abschmecken.

Auf vorgewärmte Teller schöpfen und je zwei Weißbrothälften auf die Suppe geben.

IDEE UND URSPRUNG DER PILGERBEWEGUNG

Pilger oder Wallfahrer gibt es in vielen Religionen. Im Christentum hat die Überzeugung vom Sinn des Aufsuchens bestimmter Orte ihren Ursprung in Jesus Christus: Gott selbst kam in ihm, einem bestimmten Menschen an einem bestimmten Ort zu den Menschen. Jesus Christus nachzufolgen kann deshalb heißen, die Wege Gottes zu verinnerlichen, indem Orte besucht werden, an denen er erfahrbar geworden ist. Christliche Wallfahrt trägt aber auch der Gedanke, daß Gott überall ist.
In nennenswertem Umfang begonnen hatte die fromme Bewegung des Mittelalters bereits im 9. und 10. Jahrhundert. Allerdings blieb es zunächst den Königen, Fürsten und Grafen, den Bischöfen und Äbten vorbehalten, durch Wallfahrten Vergebung für ihre Sünden zu erhalten. Erst später, um 1100, begannen auch einfache Bürger, Kaufleute und Handwerker, den Spuren der weltlichen und geistlichen Herren zu folgen.

DIE WIRTSCHAFTLICHE BEDEUTUNG DER PILGERBEWEGUNG

Spätestens zu dieser Zeit wurde die Pilgerbewegung auch zu einem ernstzunehmenden Wirtschaftsfaktor. Denn die frommen Wanderer mußten mit Speisen und Getränken versorgt werden, brauchten ein Bett für die Nacht, mußten ihre Kleidung flicken und das Schuhwerk ausbessern lassen. Und oft genug wurden sie auch krank, erlitten Unfälle oder gerieten unter Räuber, die sie ausplünderten und verletzten. Den Dörfern und Städten, vor allem aber den Klöstern und Kirchen, die entlang der großen Pilgerwege lagen, fiel daher auch die Aufgabe zu,

den Pilgern Herberge zu bieten, ihre Wunden und Gebrechen zu pflegen, sie mit allem zu versorgen, was für die Reise notwendig war. Nicht zuletzt wollten die Pilger auf ihren Reisen natürlich besonders intensiv Gebet und Andacht pflegen, denn schließlich ist eine Pilgerfahrt ein langwährender Gottesdienst.
Auf der anderen Seite forderten die Pilger aber nicht nur die Fürsorge ihrer Glaubensbrüder und -schwestern, bei denen sie Aufnahme fanden, sondern sie brachten auch etwas mit. Wer Macht oder Geld hatte, machte großzügige Schenkungen, und die Münzen der ärmeren Wallfahrer ergaben in der Summe auch einen beträchtlichen Haufen. Überall, wo sich Pilger sammelten, wo sie rasteten oder beteten, entstanden neue Klöster und Kirchen, Gasthöfe und Hospize, siedelten sich Handwerker und Händler an, um die pilgernden Scharen zu versorgen.
Nicht zuletzt nutzten natürlich auch viele Pilger ihre Reisen, um neben dem Seelenheil auch etwas für ihr Geschäft zu tun. Sie nahmen von daheim mit, was es dort im Überfluß gab, um es in der Fremde gegen Dinge einzutauschen, die sie brauchen oder an anderen Orten zu Geld machen konnten.
Pilgerfahrten waren nur selten Betteltouren, sondern vielmehr Reisen, für die man sein erspartes Geld oder Vermögen aufwendete. Da war es kein Wunder, daß die Wallfahrer fast überall gern gesehen waren, weil sie gute Umsätze für die örtlichen Gastronomen, Händler und Handwerker versprachen, weil sie den jeweiligen Landesherren Zölle und Weggebühren zu zahlen hatten und weil sie wertvolle Waren mitbrachten, mit denen man seinen neuerworbenen Reichtum auch deutlich sichtbar präsentieren konnte.

BRAUNBIERSUPPE

Zutaten:

30 g	*Butter*
1 EL	*Mehl*
1 l	*dunkles Bier*
1 Stück	*Schale von einer unbehandelten Zitrone*
1	*Semmel*
2 EL	*Zucker*
1	*Stange Zimt*
1 Prise	*gemahlener Kardamom*

Zubereitung:

Die Butter in einem Topf schmelzen, das Mehl und den Zucker zugeben und langsam erhitzen, bis die Masse dunkelbraun ist. Mit dem Bier ablöschen, die Gewürze einrühren und kurz aufkochen.

Die Semmel in dünne Scheiben schneiden, in Butter goldgelb rösten, in jeden Teller einige Scheiben legen und mit der Suppe auffüllen.

BIERSUPPE PIKANT

Zutaten:

1/4 l	*Brühe*
250 g	*Roggenmischbrot*
1/4 l	*Pils*
10 cl	*Crème fraîche*
1 Prise	*Zucker*
	geriebene Muskatnuß
	Salz
	Pfeffer

Zubereitung:

Brühe in einem großen Topf aufkochen lassen. Brot in Würfel schneiden.
In die Brühe einrühren und so lange weiterrühren, bis das Brot sämig geworden ist. Bier dazugießen. Hitze zurücknehmen und die Suppe noch 20 Minuten im zugedeckten Topf köcheln lassen. Gelegentlich umrühren.

Suppe durch ein Sieb streichen, mit Crème fraîche mischen und kräftig abschmecken. Erhitzen, dann servieren.

So gewann die Pilgerei im Lauf der Zeit neben ihrer ursprünglichen geistlichen Zweckbestimmung auch neue wirtschaftliche, politische und gesellschaftliche Bedeutung. Denn wo immer die Reisenden Station machten, ließen sie nicht nur Geld und Waren zurück, sondern erzählten auch von ihrer Heimat und fremden Ländern, die sie bereist hatten. Kurz und wiederum ein wenig flapsig gesagt: Pilger leisteten ein wichtiges Stück echter Entwicklungshilfe für viele abgeschiedene Regionen und karge Landstriche.

DIE PILGERBEWEGUNG ALS EINE FRÜHE FORM DES TOURISMUS

Solche Einflüsse der Wallfahrt darf man sich auch in der Zeit des Mittelalters durchaus vergleichbar zu heutigen Zuständen vorstellen, wie überlieferte Berichte belegen. Zu bestimmten Zeiten waren die Pilgerstraßen überlastet, in den Hospizen, Herbergen, Gasthöfen und sonstigen Quartieren herrschte drangvolle Enge, es war

kein Bett zu bekommen, wer Hunger hatte, mußte sich in Geduld üben, bis er mit Speis und Trank versorgt werden konnte. Direkt an den Brennpunkten des Geschehens, in den Wallfahrerstädten und -dörfern, und vor allem natürlich an den Gnadenorten selbst, den Kirchen, Kapellen, Gruften oder Grotten herrschte auch damals bereits ein mehr oder weniger wohlorganisiertes Chaos, wie man es heute in Lourdes ebenso kennt wie in Betlehem, auf dem Petersplatz in Rom - oder auf dem Heiligen Berg der Bayern, im Schatten der einstigen Burg Andechs.
Natürlich haben die weltlichen und geistlichen Herren sehr bald erkannt, daß mit Pilgern Geschäfte zu machen sind und begannen, um die begehrten Reisenden zu werben. Manche Landesherren erließen den Pilgern die Grenzzölle und erleichterten auf diese Weise den Warenverkehr. Andere suchten nach weiteren Einnahmemöglichkeiten, indem sie den Pilgern erste Mitbringsel und geweihte Reiseandenken anboten, die sie den Daheimgebliebenen mitbringen konnten, um auch ihnen die „Heilswirkung" zuteil werden zu lassen.
Vor allem aber veränderte die nötige Grundversorgung der Fremden das gewachsene Wirtschaftsgefüge in den Wallfahrtsorten und entlang der Reisewege. Sorgten früher die Hausfrauen für das leibliche Wohl ihrer Gäste, mußten für den mittelalterlichen Pilgertourismus andere Versorgungsstrukturen geschaffen werden. Bäcker, Fleischhauer und Bauern lieferten die Nahrungsmittel, Winzer oder Weinhändler und vor allem Bierbrauer sorgten dafür, daß keine Pilgerkehle durstig blieb.
Erledigten zunächst die Bäcker, die Getreide, Wasser und Hefe ohnehin im Haus hatten, auch das Bierbrauen sozusagen nebenbei, spaltete sich nach und nach der Beruf

BAYERISCHE BIERSUPPE

Zutaten:

1/2	*Zitrone, ungespritzt*
3 Stück	*braunen Würfelzucker*
1 l	*helles Bier*
2 TL	*Semmelbrösel*
3 TL	*Mehl*
3 EL	*Wasser*
2	*Eigelb*
1	*Gewürznelke*
1	*Zimtstange*
1 Prise	*Pfeffer*
1 Prise	*Salz*

Zubereitung:

Die Zitrone waschen und den Zucker kräftig an der Schale reiben. Bier, Gewürze und Zucker in einen Topf geben und zum Kochen bringen.

Die Hitze zurücknehmen und unter Rühren Semmelbrösel, Mehl und Wasser hinzugeben. Die Hitze wieder erhöhen und die Suppe rühren, bis sie sämig ist. Einen Spritzer Zitronensaft dazugeben.

Den Topf vom Herd nehmen und die Suppe durch ein Sieb gießen. Das Eigelb unterrühren und servieren.

Suppen

BIERSUPPE MIT BACKOBST

Zutaten:

150 g	*beliebiges Backobst*
1 l	*dunkles Bier*
4	*Eigelb*
6 EL	*Sauerrahm*
100 g	*Zucker*
	Salz
	Zimt

Zubereitung:

Das Backobst kleinschneiden und zwei Stunden in Wasser einweichen. Im Einweichwasser zehn Minuten dünsten. Das Bier mit dem Zucker erhitzen, bis der Zucker sich aufgelöst hat, Eigelb mit dem Rahm verrühren, vorsichtig in die heiße Suppe quirlen und das Backobst zugeben. Mit Salz, Zucker und Zimt abschmecken.

des Brauers ab. Das war auch gut so, denn Bierpflege und Brotbäckerei sind wirklich zwei völlig unterschiedliche Paar Stiefel.

KLÖSTER SORGEN FÜR DIE PILGER

Natürlich kümmerten sich die Klöster ganz besonders um die gläubigen Reisenden. In den Hospizen sorgten sich heilkundige Patres, Fratres und Schwestern um die kranken und erschöpften Gäste. Sie päppelten ihre reisenden Glaubensgeschwister soweit auf, daß sie ihre Pilgerschaft fortsetzen konnten. In den Klostergärten pflanzten Mönche und Nonnen heilkräftige Kräuter an, aus denen sie wirksame Arzneien – Tees und Aufgüsse, Essenzen, Tinkturen und Pflaster, Liköre, Weine und Säfte – bereiteten.
Ihrerseits erhielten die Klöster von ihren – oft weitgereisten und durch viele überstandenen Krankheiten und Verletzungen erfahrenen – Patienten und Gästen manch neues Rezept oder Heilmittel und konnten so ihr medizinisches Wissen deutlich vermehren. In der Tat lag die medizinische Versorgung der Bevölkerung bis weit in die Neuzeit hinein in vielen Gegenden weitgehend in der Hand der heilkundigen Nonnen und Mönche.

KLOSTERBRAUEREIEN ALS WIRTSCHAFTSBETRIEBE

Doch neben der Sorge um die Gesundheit und das Seelenheil mußten sich die Klöster natürlich auch um das leibliche Wohl ihrer Gäste kümmern. Die eigenen Gärten, Felder und Ställe lieferten die notwendigen Lebensmittel. Küchen und Keller wurden

In einer Apotheke des 15. Jahrhunderts

in großem Maßstab ausgebaut. Auch die eigenen Braustätten, über die fast jedes Kloster damals verfügte, wurden erweitert, manche Konvente bauten für ihre Gäste auch eigene Sudstätten, in denen sie besonders gutes, kräftiges Bier brauten. Für den Bedarf der Nonnen und Mönche hatten die Klöster schon lange Bier gebraut, und zumindest in den größeren Konventen auch eigene Sudhäuser errichtet, doch reichte deren Ausstoß natürlich für die ansteigenden Gästezahlen häufig schließlich nicht mehr aus. Also wurden Klosterbrauereien als Wirtschaftsbetriebe eingerichtet, die sich meist bald als äußerst erfolgreiche Einnahmequellen erwiesen. Denn das Bier mundete nicht nur den Klosterangehörigen und ihren Gästen, sondern fand sehr schnell auch bei den Bewohnern rings um die Klostermauern und den Schankwirten der Umgebung seine Abnehmer. Das

HOLSTEINER BIERSUPPE

Zutaten:

150 g	*sehr trockenes Schwarzbrot, am besten Pumpernickel*
1 l	*Altbier*
	Schale einer unbehandelten Zitrone
100 g	*Rosinen*
2	*säuerliche Äpfel (zum Beispiel Boskop)*
1	*Ei*
125 g	*Zucker*
1 Prise	*Salz*
1	*Zimtstange*

Zubereitung:

Das Schwarzbrot zerkleinern, in etwas Wasser weichkochen, durch ein Sieb in einen Topf streichen. Den Zimt, Saft und Schale der Zitrone, Salz, Rosinen und den Zucker dazugeben und unter Rühren durchkochen. Mit den geschälten, entkernten und in Scheiben geschnittenen Äpfeln und dem Bier einige Minuten ohne Kochen ziehen lassen.

Suppen

„ALE AND OATS"
(BIERSUPPE MIT HAFER)

Zutaten:

1 l	*Ale (oder helles Bier)*
100 g	*Hafermehl oder Schmelzflocken*
1 TL	*frisch in der Knoblauchpresse gepreßter Ingwer*
	Zucker

Zubereitung:

Das Bier langsam erwärmen, Hafermehl und Ingwer einrühren, bei mäßiger Hitze unter stetem Rühren bis zur gewünschten Konsistenz kochen. Je länger die Suppe kocht, desto dicker wird sie. Vorsicht: Hafer brennt leicht an und kocht leicht über.
Mit Zucker abschmecken.

mag auch daran gelegen haben, daß die brauenden Mönche und Nonnen zum einen nicht nur auf den Profit achten mußten, den sie mit ihrem Bier erzielten, sondern vor allem wohl daran, daß sie als gottesfürchtige Menschen ihre Kunden nicht mit gepanschten Gebräuen übers Ohr hauen wollten.
Das florierende Brauwesen weckte bald Begehrlichkeiten. Denn während die Biersieder mit jedem Krug Bier Geld in ihre Kassen schwemmten, glaubten sich die weltlichen Obrigkeiten, geplagt von chronischer Finanznot, hart am Rande des Ruins. So entdeckten die Landesfürsten sehr schnell, daß sie ja selbst am Bierbrauen verdienen konnten, indem sie Braurechte verkauften und Biersteuern einführten.

DAS PRIVILEG DES WEISSBIER-BRAUENS

Ob es nun tatsächliche Fürsorge oder nur ein geschickter Schachzug war, der die Herren leitete, ist nicht bekannt: Jedenfalls behielten es sich die Landesherren als eigenes Privileg vor, in den eigenen Brauhäusern Weißbier zu brauen. Nicht einmal trinken durfte es das gemeine Volk. Denn schließlich, so argumentierten die Fürsten, braucht man zum Brauen von Weißbier auch das Malz vom Weizen, und der war als Brotgetreide viel zu wertvoll für den Sudkessel. Außerdem sollte durch das Verbot des Weißbrauens verhindert werden, daß die Menschen nach Mißernten – für die der empfindliche Weizen viel anfälliger war als die vergleichsweise robuste Gerste – Not leiden müßten, weil man das Getreide lieber profitabel im Maischbottich verflüssigte, anstatt nahrhaftes Brot daraus zu backen. Erst im 18.

Jahrhundert fiel das Adelsprivileg zum Weißbierbrauen, doch ließen sich die der kirchlichen Herrschaft unterstehenden Klöster davon lange Zeit nicht beeindrucken.

DIE ERSTE KLOSTERBRAUEREI?

Eine der frühesten Darstellungen von Klosterbrauereien ist aus der Schweiz erhalten. Im berühmten St. Gallener Klosterplan aus dem Jahr 820, der die mächtige Reichsabtei des Benediktinerordens beschreibt, waren sage und schreibe drei Braustätten verzeichnet. Die erste Brauerei, nahe der Refektoriumsküche gelegen, produzierte das Bier für den Konvent von weit mehr als 100 Mönchen, eine weitere, der Pilgerherberge benachbart, versorgte die zahlreichen Wallfahrer, die zu den im Kloster verwahrten Reliquien des heiligen Otmar oder Audomar pilgerten, der das Kloster einst gegründet hatte. Ein eigenes Sudhaus nahe dem Gästehaus schließlich erzeugte ein Gebräu nur für die hochgestellten und vornehmen Gäste des Klosters, von denen fast ständig einige innerhalb der Mauern weilten. (vgl. Abb. S. 142)
Dieses besonders gehaltvolle, gute Bier nannte man Celia. Es wurde mit Gersten- und Weizenmalz gebraut, während sich Mönche und Wallfahrer mit Cerevisia zufrieden geben mußten. Das war zwar auch nach allen Regeln der damaligen Braukunst gesotten, doch mälzte man dafür den deutlich billigeren Hafer. Cerevisia wurde für die Sonn- und Feiertage in einer stärkeren Qualität gebraut, an den Werktagen begnügten sich die Mönche mit einer dünneren Sorte, dem für das Klostergesinde und die Bettler gebrauten Conventus.

KÖNIGSBERGER BIERSUPPE

Zutaten:

50 g	*Graupen oder Gerstenschrot*
1/4 l	*Wasser*
1 TL	*Zitronensaft*
10 g	*Butter*
3/4 l	*helles Bier*
1	*Ei*
60 g	*Zucker*
1 Prise	*Salz*

Zubereitung:

Die Graupen mit dem Wasser, Salz, Zitronensaft und der Butter aufkochen und bei kleinster Hitze eine Stunde ausquellen lassen. Das Bier und 40 Gramm Zucker dazu geben und erhitzen. Das Eigelb mit etwas Suppe verquirlen und unterrühren. Das Eiweiß mit dem restlichen Zucker zu sehr steifem Schnee schlagen, mit einem Teelöffel kleine Nockerl abstechen und auf die heiße Suppe setzen. Zugedeckt fünf Minuten ziehen lassen.

AMSTERDAMER BIERSUPPE

Zutaten:

8	*Eigelb*
150 g	*Butter*
1/2 l	*Bockbier oder ein anderes Starkbier*
1 Flasche	*Riesling*
4 Scheiben	*Toastbrot*
1 EL	*Zucker*
1 gute Prise	*frisch geriebene Muskatnuß*

Zubereitung:

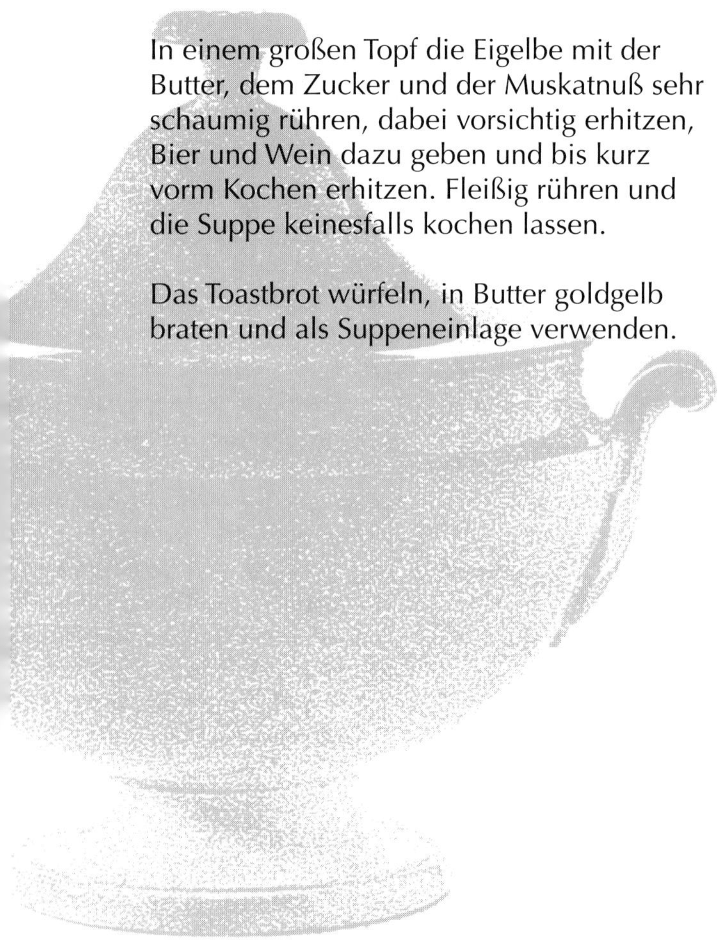

In einem großen Topf die Eigelbe mit der Butter, dem Zucker und der Muskatnuß sehr schaumig rühren, dabei vorsichtig erhitzen, Bier und Wein dazu geben und bis kurz vorm Kochen erhitzen. Fleißig rühren und die Suppe keinesfalls kochen lassen.

Das Toastbrot würfeln, in Butter goldgelb braten und als Suppeneinlage verwenden.

DIE BURG DER GRAFEN VON DIESSEN UND ANDECHS

Eines der bedeutendsten Pilgerziele in Süddeutschland war zu Beginn der zweiten Hälfte des Mittelalters der Heilige Berg am Ostufer des Ammersees. Dort hatte das Geschlecht der Grafen von Dießen in der Kapelle ihrer Burg Andechs eine ganze Reihe sehr bedeutender Reliquien zusammengetragen. Das Gotteshaus war St. Nikolaus geweiht, dem Schutzheiligen der Wallfahrer und Pilger.

Die Grafen von Dießen, im 11. Jahrhundert aus kleinen Anfängen sehr groß geworden und zu damals europäischer Bedeutung gelangt, errichteten auf dem Berg eine Burg, die sie „Andehsa" nannten. Erstmals urkundlich erwähnt ist sie im Jahr 1080 als Besitz des Geschlechts. Während die Burg möglicherweise bereits rund 130 Jahre später zerstört, zwischen 1243 und 1246 endgültig geschleift wurde, blieb die Kapelle als heiliger Ort bestehen.

Die Dießen-Andechser Grafen galten in ihrer Blütezeit bis zu ihrem Aussterben im Jahr 1248 ein knappes Jahrhundert lang als mächtige Dynastie, vergleichbar mit den Welfen und damals deutlich einflußreicher als die späteren Herrscher Bayerns, die Wittelsbacher. Durch geschickte Politik, weitsichtige Geschäfte und eine kluge Heiratspolitik vermochte es die Familie, zunächst ihren Besitz enorm zu vergrößern, einzelne kleine Höfe und Güter zu bedeutenden Ländereien zusammenzulegen. Außer in der Gegend des Ammersees hatten sie Grund und Herrschaften in den Regionen Wolfratshausen und Tegernsee, Wasserburg und

Erding, Gilching, Reichenhall und Weilheim. Im 12. Jahrhundert kam die Grafschaft Plassenburg in Oberfranken und weitere Ländereien aus dem Besitz der Bamberger Kirche dazu, die Graf Poppo I. zugesprochen wurden, der 1147 bei einem Zug nach Jerusalem umkam. Sein Bruder Berthold V. († 1188) erbte die Grafschaften Neuburg, Schärnding und Wimberg, die an Inn und Donau lagen, dazu kamen als Erbschaften von Seiten seiner Mutter Sophie umfangreiche Besitztümer in Krain und Kärnten. Unter Bertholds anderem Bruder Otto von Andechs schließlich, der vom Domherrn zu Augsburg im Jahr 1165 zum Bischof von Brixen in Südtirol und gut 30 Jahre später zum Oberhirten der Diözese Bamberg ernannt wurde, kamen weitere Grafschaften und Ländereien in den Besitz derer von Andechs.

KREUZZÜGE INS HEILIGE LAND

Graf Berthold V. wurde einer der Großen in der Politik, begleitete Kaiser Lothar bei seinen Zügen nach Italien und beriet im Gefolge von König Konrad mit über die Wahl von Friedrich Barbarossa zum Kaiser, den er vermutlich nach Kräften unterstützt hat. Jedenfalls verlieh ihm der Kaiser 1173 die Markgrafschaft Istrien, sein Sohn, Berthold VI., wurde zum Herzog von Dalmatien, Kroatien und Meranien (ein kleines Gebiet um Merano in der Gegend von Udine/Friaul) ernannt. Als Bannerträger und Befehlshaber beteiligte sich Berthold an dem Kreuzzug, den Kaiser Barbarossa 1189 begann und der 1192 erfolglos endete, zwei Jahre, nachdem der Kaiser beim Baden im Fluß Saleph in Kleinasien ertrunken war.

EMDENER BIERSUPPE

Zutaten:

1/2 l	*Milch*
60 g	*Sago*
2 EL	*Rübensirup*
1/2 l	*Bier*
2	*Eier*
3 EL	*Zimt*
3 EL	*Zucker*

Zubereitung:

Den Sago in die kochende Milch rühren und 15 Minuten ziehen lassen. Das Bier mit dem Sirup und dem Zucker zugeben und kurz aufkochen. Die Eier trennen, das Eigelb mit etwas heißer Suppe in einer Tasse verrühren, zur Suppe geben, nicht mehr kochen. Eiweiß sehr steif schlagen, mit dem Teelöffel kleine Nockerl auf die Suppe setzen, die Nockerl mit dem Zimt bestreuen und alles im geschlossenen Topf fünf Minuten ziehen lassen.

Diese Suppe kann auch als kalte Sommersuppe gegessen werden.

Suppen

SCHWÄBISCHE BIERSUPPE

Zutaten:

1/2 l	*Milch*
25 g	*Stärkemehl*
1/2 l	*Malzbier*
1	*Eigelb*
	Zucker
	Kirschwasser
1/2	*Stange Zimt*

Zubereitung:

Die Milch mit der Zimtstange aufkochen.
Das Stärkemehl mit etwas kaltem Wasser anrühren, in die Milch geben und aufkochen lassen. Das Bier zugeben, bis kurz vor dem Kochen erhitzen, mit dem verquirlten Eigelb abziehen.
Mit Zucker und einem Spritzer Kirschwasser abschmecken.

Als Kreuzfahrer ins Heilige Land waren bereits ein knappes halbes Jahrhundert vorher Berthold IV. und Heinrich von Wolfratshausen-Andechs, der Bischof von Regensburg, aufgebrochen. Auch der Dießen-Andechser, Herzog Otto von Meranien und Pfalzgraf von Burgund, pilgerte mit seinen Brüdern Bischof Eckbert, dem Erbauer des Bamberger Doms, und Erzbischof Berthold von Kalocsa in Ungarn, ins Heilige Land, um ihrer Christenpflicht Genüge zu tun.

Brawer Magd.
Die Brawer Mägd ſo in gemein/
Mit lehren Tonnen rumpeln herein.
Die ledign Gfeß reinign vnd ſpieln/
Ins Brawhauß bringn/ vnd wider fülln.

KLOSTERSTIFTER UND RELIQUIENSAMMLER

Die Dießen-Andechser waren eine sehr machtbewußte, aber auch sehr fromme Adelsdynastie. Das wird nicht nur aus ihrer Teilnahme an Kreuzzügen und Pilgerfahrten deutlich, sondern auch an ihren sonstigen Werken. So stiftete bereits der im Jahr 953 verstorbene Graf Rasso ein kleines Kloster auf einer Insel der Amper dort, wo man heute Grafrath findet. In dem Kloster lebte er auch als Mönch und trug den Grundstock des Reliquienschatzes zusammen. Aus dem Jahr 1132 datiert die Gründung des Augustiner-Chorherrenstiftes Dießen.

Auch ein Kanonissen-Stift in Dießen wurde aus den Schatullen der Familie finanziert. Zahlreiche Klöster und Kirchen konnten nur dank kräftiger Zuschüsse aus dem Haus Dießen-Andechs überleben. Viele Söhne und Töchter wurden Bischöfe, Äbte und Äbtissinnen, aber auch einfache Nonnen und Mönche, und dienten ihrem Herrgott treu ergeben.

Gisela von Andechs, von deren Kindern allein fünf später zu Bischöfen geweiht wurden, war die Schwester der Klosterfrauen Mechthild von Dießen († 1160), der Äbtissin des Klosters Edelstetten und Euphemia von Altomünster († 1182), die beide von den Gläubigen in Bayern als Heilige verehrt werden. Auch die heilige Hedwig, die Patronin Schlesiens, und die heilige Elisabeth von Thüringen entstammen dem Geschlecht der Grafen von Dießen und Andechs.

Graf Otto II. von Andechs und Bischof von Brixen in Südtirol und später Bischof von Bamberg, war es der Legende nach vorbehalten, das bis heute meistverehrte Heiligtum auf den Andechser Berg zu holen, die

BIERKALTSCHALE (NACH HENRIETTE LÖFFLER)

Zutaten:

1	*unbehandelte Zitrone*
2-3 EL	*Rosinen*
1 l	*helles Bier*
60 g	*geriebenes Schwarzbrot*
	geröstete Brotwürfel

Zubereitung:

Die Zitrone in Scheiben schneiden und mit den Rosinen zum Bier geben. Das geriebene Schwarzbrot einrühren, in den Kühlschrank stellen. Zum Servieren mit gerösteten Brotwürfeln bestreuen.

Suppen

BIERSUPPE MIT GERSTENNOCKERLN

Zutaten:

1/4 l	*Brühe*
1/4 l	*Rahm*
50 g	*Butter*
1/3 l	*helles Bier*
1	*mittelgroße Kartoffel*
3	*Eigelb*
	abgeriebene Schale einer halben, unbehandelten Zitrone
1 Prise	*Muskatnuß*
1 Prise	*Zucker*
1 Prise	*Zimt*
	Salz, Pfeffer

FÜR DIE GERSTENNOCKERLN:

50 g	*Butter*
1	*Ei*
50 g	*feingemahlenes Gerstenmehl*
1 EL	*Sesam*
1 Prise	*gemahlener Koriander*

Zubereitung:

Die Brühe mit dem Rahm, der Butter, dem Bier und der geschälten, kleingeschnittenen Kartoffel 15 Minuten kochen. Die Gewürze dazugeben, Eigelb mit etwas Suppe verrühren, in die nicht mehr kochende Suppe geben.

Für die Nockerln die Butter mit dem Ei schaumig rühren, das Gerstenmehl und die Sesamkörner dazugeben und mit Koriander würzen. Mit dem Teelöffel kleine Portionen abstechen, in heißem Wasser ziehen lassen und dann zur Suppe geben. Die Suppe mit einem Löffel Rahm und mit Zimt bestreut servieren.

Heiligen Drei Hostien. Das Sammeln von Reliquien und anderen kostbaren Gegenständen religiöser Verehrung, die man zusammen Heiltümer nennen kann, kann man einerseits wohl zu Recht als Modebewegung in den Kreisen des hohen geistlichen und weltlichen Adels bezeichnen, zum anderen aber auch als Ausdruck einer geistlichen Erneuerungsbewegung, wie sie um die Wende zum Zweiten Jahrtausend überall im Abendland spürbar war. Das Feuer des Glaubens wurde vor allem auch dadurch geschürt, daß es bedeutende Bewegungen wie die Waldenser oder Katharer gab, mit denen sich mächtige Herrscher und viele einfache Menschen, die sich von der katholischen Kirche abgewandt hatten, ihre Päpste, Bischöfe und Priester nicht anerkannten und auf eigenen Wegen nach der Wahrheit des Glaubens suchten.
Für die frommen, katholischen Reliquiensammler war es ganz selbstverständlich, daß die kostbaren Heiltümer zur Schau gestellt wurden, damit alle Gläubigen zu ihnen pilgern konnten, um Hilfe und Rat, Schutz und Trost, Gnade und vor allem Vergebung der Sünden zu erflehen. Nicht anders taten auch die Grafen von Andechs-Dießen mit den Heiligen Drei Hostien, über deren Herkunft Legenden überliefert sind.
Eine, vielleicht auch zwei der Heiligen Hostien sollen auf Papst Gregor I. (590-604) zurückgehen, die dritte auf Papst Leo IX. (er führte die Römische Kirche von 1048 bis 1054). In vielen Mirakelbüchern und auf Votivtafeln sind Gebetserhörungen und Heilungen beschrieben, die Gläubige nach dem Gebet vor dem Heiligtum erfahren haben. Nach einer späteren Legende wurde eine der Hostien dem Kaiser Heinrich II. zur Unterstützung des Dombaus

von Bamberg überlassen. Von der zweiten Hostie existieren kaum Aufzeichnungen oder Überlieferungen, während die dritte zunächst ebenfalls für den Bamberger Dom bestimmt war, ehe sie von den Grafen nach Andechs gebracht wurde.
Zunächst waren die drei Hostien in einer Bleikapsel geborgen, die im Altar der Burgkirche aufbewahrt und zur Anbetung präsentiert wurde. Später, als längst die Wittelsbacher das Sagen auf dem Heiligen Berg hatten, wurden die Heiligen Drei Hostien in einer sehr schweren, silbernen Monstranz verwahrt, in der sie heute noch im Altar der Heiligen Kapelle stehen.
In einer Nische der Kirche sind in einem

Die Andechser „Drei-Hostien-Monstranz"

KRAUTSUPPE

Zutaten:

1/2 l	*Brühe*
1/2 l	*Bockbier oder ein anderes Starkbier*
250 g	*Sauerkraut, roh*
100 g	*geräucherter Bauchspeck*
1	*Zwiebel*
4	*Wiener Würstel*
150 g	*Sauerrahm*
	Salz
	Pfeffer
	Tabasco

Zubereitung:

Die Brühe mit dem Bier in einen Topf geben, das Sauerkraut hineinschneiden und weich kochen. In einer Pfanne den gewürfelten Bauchspeck zusammen mit der gehackten Zwiebel andünsten, die Würstel in Scheiben schneiden und alles zusammen zum Kraut geben. Mit Salz, Pfeffer, Tabasco abschmecken. Auf die Teller schöpfen und mit einem Klacks Sauerrahm servieren.

Suppen

BERGBAUERNSUPPE

Zutaten:

2 TL	*Mehl*
2	*Eier*
1/8 l	*Milch*
3/4 l	*dunkles Bier*
4	*Scheiben Toast oder*
	2 Semmeln vom Vortag

Zubereitung:

Die Milch mit dem Mehl und den Eiern glattrühren, das Bier in einem Topf erhitzen, die Eiermilch dazugeben und vorsichtig bis kurz vor dem Siedepunkt erhitzen.

Toast oder Semmeln in Würfel schneiden, in Butter goldgelb braten und zur Suppe reichen.

kreuzförmigen Reliquiar aus Bergkristall Zweige von der Dornenkrone Christi geborgen.
Weitere Heiltümer des Klosters waren und sind ein Teil des Schweißtuches Christi, ein Reliquiar, das aus dem Holz des Kreuzes Christi gefertigt wurde, ein Stück vom Schleier Mariens und das Siegeskreuz des Kaisers Karls des Großen, sowie das Brautkleid der heiligen Elisabeth und ein Brustkreuz, das der Papst der Heiligen geschenkt hatte. Zum Reliquienschatz gehören auch Arm und Stola des heiligen Nikolaus von Myra, dem Patron der Kinder - aber auch der Pilger, Kreuzfahrer, Wirte, Bierbrauer und vieler anderer -, dem die erste Kirche auf dem Heiligen Berg gewidmet war.

DER URSPRUNG DER WALLFAHRT NACH ANDECHS

Bereits im Jahr 1128 wurde die erste Wallfahrt dokumentiert, zu der Graf Berthold seine Untertanen in die Burgkirche rief. Damit ist Andechs nicht nur eine der bedeutendsten, sondern vor allem die erste nachweisbare Wallfahrt im gesamten süddeutschen Raum. Bereits zwei Jahre später wurde die Wallfahrt vergrößert und neben den heiligen Nikolaus traten die Mutter Gottes und die heilige Katharina als Patrone hinzu.
Heinrich von Istrien, einer der letzten aus dem Geschlecht der Dießen-Andechser, förderte die Wallfahrt besonders intensiv, nachdem er bei einem Besuch der Andechser Kirche am Fest Kreuzerhöhung (14. September) dort eine wundersame Erscheinung gehabt hatte, bei der Engel Psalmen sangen und Öl aus dem Reliquienschrein floß. Daraufhin erkannte der Papst den Berg als heiligen Ort an und

Suppen

verlieh für das Fest der Kreuzerhöhung besondere Ablässe.
Bald darauf wurden die Dießen-Andechser von den Machtkämpfen des europäischen Hochadels erfaßt und aufgerieben. Zu Unrecht der Untreue und Beteiligung an einem Königsmord geziehen, mit Acht und Bann belegt, starben die männlichen Nachkommen 1248 aus, und ihre Rivalen, die Wittelsbacher, drängten mit Macht in ihre Besitztümer, die sie zunächst als Treuhänder übergeben bekamen. Die Burg wurde zerstört und geschleift, doch - unbekannte - treue Seelen versteckten den Reliquienschatz so gut, daß er erst mehr als 100 Jahre später wieder gefunden wurde.

In der Mitte der Standartenträger: der Andechs-Meranier (als Vorfahre der Habsburger im „Triumphzug Kaiser Maximilians")

MAURERSUPPE

Zutaten:

150 g	*frischer Bauchspeck*
2 EL	*Butter*
1	*großes Suppengrün*
1	*weiße Rübe*
1	*Zweig Grünkohl*
1 l	*helles Bier*
1 Stück	*Würfelzucker*
50 g	*Graupen*
1 EL	*Stärkemehl*
2	*Eigelb*
1/4 l	*Rahm*
1	*gekochte rote Rübe*

Zubereitung:

Den in kleine Würfel geschnittenen Speck in der Butter andünsten, das zerkleinerte Gemüse mit in den Topf geben und gut anbraten. Das Bier dazu gießen, die Graupen einrühren und alles anderthalb Stunden köcheln lassen.

Das Stärkemehl mit etwas Wasser glattrühren, unter Rühren zur Suppe geben, die Eigelbe mit dem Rahm verrühren, den Topf vom Feuer nehmen und das Ei-Rahm-Gemisch einrühren. Die in Streifen geschnittene rote Rübe kurz vor dem Servieren zugeben.

SÄCHSISCHE BIERSUPPE „THEKLA“

Zutaten:

100 g	*Sultaninen*
4 EL	*Rum*
1/2 l	*Milch*
2 EL	*Mehl*
125 g	*Rahm*
1/4 l	*helles Bier*
1/4 l	*Malzbier*
2	*Eigelb*
1 TL	*Zucker*
1 Prise	*Salz*

Zubereitung:

Die Sultaninen waschen, in eine Tasse geben und mit dem Rum beträufelt zugedeckt eine Stunde ziehen lassen.

Die Milch in einem Topf zum Kochen bringen, das Mehl mit dem Rahm glatt rühren, in die Milch quirlen und zehn Minuten köcheln.

In einem anderen Topf das Bier kurz aufkochen. Die Milchsuppe vom Herd nehmen, das verquirlte Eigelb und das Bier unterrühren. Mit Salz und Zucker abschmecken, die Sultaninen einstreuen.

SCHATZFUND UND KLOSTERGRÜNDUNG

Bevor die Burg Andechs von den angreifenden Wittelsbachern um das Jahr 1247 herum erobert und zerstört wurde, hatten die in Acht und Bann gefallenen Grafen von Andechs den Reliquienschatz aus der Burgkirche geborgen und Teile davon an sicherer Stelle innerhalb des Gotteshauses vergraben. Trotzdem blieb die Wallfahrt zur Kirche auf dem Berg bestehen. Die Wittelsbacher kümmerten sich auch um die Betreuung der Pilger und sorgten für den Unterhalt von Kaplänen und Priestern, die Gottesdienste feierten, Beichten abnahmen und mit den frommen Reisenden beteten. Es steht zu vermuten, daß auch für das leibliche Wohl der Gäste gut gesorgt war und Herbergen mit Gaststuben und Fremdenzimmern bereitstanden.

HEILUNGEN UND TRÖSTUNGEN

Obwohl die wichtigsten Reliquien zunächst spurlos verschwunden waren, kamen die Menschen aus der näheren und weiteren Umgebung in immer größeren Scharen in die kleine Kirche, so daß die neuen Herren sie im Jahr 1275, gerade 45 Jahre nach der ersten Erweiterung, erneut vergrößern ließen. Immer wieder machten Berichte über wunderbare Heilungen und Tröstungen die Runde unter den Wallfahrern, die übrigens nicht alle immer ganz freiwillig auf den Heiligen Berg pilgerten. Der Augsburger Bischof und die weltlichen Herren hatten z.B. für den 14. September, das Fest der Kreuzerhöhung und gleichzeitig der offizielle Andechser Kirchweihtag, Wallfahrten zur Nikolaus- und Marienkapelle angeordnet. Zum Glauben an das Heilswirken der Andechser Wallfahrt trug ganz wesentlich auch eine fromme Legende bei, die folgende Begebenheit überliefert: Eine blinde Frau aus Widdersberg erhielt im Traum die Aufforderung, nach Andechs zu pilgern und einen links neben dem Marienaltar der Kapelle gewachsenen Wacholderstrauch auszureißen. Mit dessen Wurzeln sollte sie ihre Augen berühren. Die Frau vertraute dieser Traumbotschaft und tat, wie ihr geheißen. Das Wunder geschah, sie konnte wieder sehen.

DER SCHATZFUND

Es war im Frühjahr des Jahres 1388, als der Wallfahrts-Seelsorger, der Franziskanerpater Jakob Dachauer, während der Meßfeier eine Maus entdeckte, die aus einer Ritze zwischen den Altarstufen mit einem kleinen Stück Pergament hervorkam. Auf ihm war eine der verloren geglaubten Reliquien verzeichnet. Sofort unterrichtete der Mönch die bayerischen Herzöge Stephan III. und Friedrich von dem Fund. Am 26. Mai kamen die Herren persönlich nach Andechs und ließen vor dem Altar den Boden aufgraben. Und tatsächlich - bald stießen die Arbeiter auf eine eisenbeschlagene Kiste, die fast 160 Jahre unter der Erde überdauert hatte.
In dieser bis heute erhaltenen Truhe fanden sich die Drei Heiligen Hostien, die mit ihren Bleikapseln in das Brautkleid der heiligen Elisabeth eingewickelt waren, die Zweige der Dornenkrone Christi und das Siegeskreuz von Kaiser Karl dem Großen. Damit war der berühmte, wertvolle Reliquienschatz wieder aufgetaucht.

IDEAL ALS SUPPENEINLAGE: KNOBLAUCH-BROTWÜRFEL

Zutaten:

2	*Scheiben Weißbrot*
2 EL	*Butter*
2	*Knoblauchzehen*

Zubereitung:

Weißbrotscheiben entrinden und in kleine Würfel schneiden. Fett in der Pfanne erhitzen. Knoblauchzehen zerdrücken. Mit dem Weißbrot in die Pfanne geben und goldgelb rösten.

Fleisch

SCHWEINEFILET IN DER KRUSTE

Zutaten:

150 g	*Gerste*
300 ml	*Gemüsebrühe*
2	*Eier*
ca. 100 g	*Mehl*
50 ml	*helles Weizenbier*
50 ml	*Milch*
500 g	*Schweinefilet*
1	*kleine Zwiebel*
100 ml	*Weißwein*
1 EL	*Zitronensaft*
150 g	*Crème fraîche*
	Thymian
	Butterschmalz
	Salz
	Pfeffer

Zubereitung:

Die Gerste in einem Topf mit Wasser bedekken und über Nacht einweichen.
In der Brühe bei sehr schwacher Hitze 30 Minuten aufquellen lassen. In einem Durchschlag abtropfen lassen.

Aus Eiern, Mehl, Bier, Salz und Milch einen Teig rühren. Das Filet in Scheiben schneiden, mit Thymian würzen, salzen, pfeffern. Im Teig und anschließend in der Gerste wälzen, in Butterschmalz braunbraten. Warm stellen.

Die kleingehackte Zwiebel im Bratfett anlaufen lassen, mit Wein ablöschen und mit den restlichen Zutaten abschmecken.

Doch zunächst brachte dieser sensationelle Fund der Andechser Wallfahrt nicht viel. Denn die Herzöge entschlossen sich, ihn zunächst ins Kloster Ebersberg, seinerzeit eine besonders bedeutende Wallfahrt, zu geben. Doch schon ein gutes Jahr später, Ende 1389, kamen die Reliquien nach München, wo sie zunächst in der herzoglichen Hofkapelle aufbewahrt und bei besonderen Anlässen auch den Gläubigen gezeigt wurden.
Viele wunderbare Heilungen haben sich damals in München ereignet und alle mehrten den Ruf des Andechser Reliquienschatzes. Bereits 1392 gewährte Papst Bonifaz IX. einen Jubiläums-Ablaß, der erstmals in der Kirchengeschichte in Deutschland, und zwar in München, erworben werden konnte. Dies löste eine regelrechte Welle von Wallfahrten in die herzogliche Hauptstadt aus und täglich strömten nach zeitgenössischen Berichten tausende und abertausende Besucher in die Mauern der Stadt. Wer den Ablaß erwerben wollte, mußte sieben Tage lang in München bleiben, die Sakramente empfangen und dabei vier Kirchen aufsuchen.
Die Wallfahrer verhalfen München zu einem gewaltigen Aufschwung, denn sie ließen eine ganze Menge Geld in der Stadt, in der sie ja während ihres Aufenthaltes wohnen und essen mußten. Auch an Spendengeldern kamen bedeutende Summen zusammen. Die eine Hälfte davon wurde nach Rom gebracht, die andere diente verschiedenen Zwecken. So erhielt das Heiliggeistspital Geld für den Unterhalt seiner Kapelle und die Speisung der Armen. Erst später wurde auch Geld für die Gründung eines Klosters beim Fundort der Reliquien, in Andechs, gesammelt. Und natürlich bekamen auch die bayerischen Herzöge einen guten Teil der Einnahmen ab.

Mehr vielleicht noch als rein irdische Schätze weckten die Reliquien vom Heiligen Berg auch Begehrlichkeiten. So versuchten die Wittelsbacher, das eine oder andere heilskräftige Stück für ihren Privatbesitz abzuzweigen und es der Allgemeinheit zu entziehen wie zwei Legenden berichten. Demnach ließ sich Herzog Friedrich von Baiern-Landshut einen Zweig aus der Dornenkrone schenken und nahm ihn mit in seine Burg Trausnitz in Landshut. Schon in der ersten Nacht nach seiner Ankunft mit dem wertvollen Stück soll die Erde so mächtig gebebt haben, daß der Herzog den Zweig postwendend voller Furcht wieder nach München brachte und zum Schatz zurückgab. Ein paar Jahrzehnte später soll Herzog Ernst von Baiern-München versucht haben, eine Reliquie zu teilen, um einen Teil davon für sich zu behalten. Doch versagten ihm alle Werkzeuge, die er dazu benutzen wollte, ihren Dienst bei dem schändlichen Versuch und die Reliquie blieb unversehrt.

KLOSTERGRÜNDUNG

Obwohl die Andechser Kapelle gegen Ende des 14. Jahrhunderts über keine Reliquien verfügte, zog sie trotzdem viele Wallfahrer an, denn für die Gläubigen war auch die Fundstätte ein heiliger Ort. Zudem soll es eine Reihe von Zeichen gegeben haben, die man als Mahnung auffaßte, den Schatz wieder an seinen angestammten Platz zurückzubringen. Und der Regensburger Bischof Johann stellte am 8. Januar 1392 einen Brief aus, in dem er einen Ablaß sowohl für Wallfahrten nach München wie auch zum „Monasterium" auf dem Berg Andechs verkündete. Dies ist übrigens die erste Urkunde, in der das neue Kloster erwähnt wurde.

CHAMPIGNONPASTETEN

Zutaten:

125 g	*frische Champignons*
	Essig
125 g	*gekochter Schinken*
2 EL	*Butter*
	Zitronensaft
1/10 l	*helles Bier*
1/4 Tasse	*Rahm*
4	*Blätterteigpasteten*
	Pfeffer, Salz

Fleisch

BIERSCHINKEN NACH
ÖSTERREICHER ART

Zutaten:

1 kg	*gekochter Schinken am Stück*
3	*Zwiebeln*
1/2 l	*dunkles Bier*
1/8 l	*Wasser*
50 g	*Mehl*
50 g	*Butter*
1 EL	*Sauerrahm*
1 TL	*mittelscharfer Senf*
1 TL	*Kümmel*
1 Prise	*weißer Pfeffer*
1 Prise	*schwarzer Pfeffer*
1 Prise	*Salz*

Zubereitung:

Den Schinken dünn mit Senf bestreichen. Die Zwiebel in Ringe schneiden und auf den Schinken legen. Den Schinken auf dem Bratenrost in den Ofen schieben, die Fettpfanne darunter stellen. Etwa ein Drittel des Bieres über den Schinken gießen, dann den Ofen auf 200 Grad stellen. Den Schinken etwa zwei Stunden braten lassen, zwischendurch noch zweimal mit dem restlichen Bier übergießen.

Für die Soße den Bierbratensaft aus der Fettpfanne zusammen mit dem Wasser und dem Kümmel in einen Topf geben, Mehl, Rahm und Butter einrühren und das Ganze mit Salz und Pfeffer abschmecken.

Die Wittelsbacher hatten vermutlich wenige Wochen vorher den Entschluß gefaßt, den auf dem Berg als Wallfahrtspriester tätigen Mönchen ein Kloster zu errichten. Ob diese Patres den Benediktinern angehörten, ist bis heute nicht gesichert. Manches spricht dafür, daß sie Angehörige des Augustiner Chorherrenstiftes in Dießen waren, doch ist es auch möglich, daß Mönche aus anderen bayerischen Benediktinerklöstern nach Andechs geschickt wurden.
Gesichert ist jedenfalls, daß die Augustiner im Jahr 1423 den Bau des gotischen Gotteshauses begannen, dessen Grundsubstanz - nach diversen Restaurierungs- und Umbauarbeiten - bis heute in der Wallfahrtskirche erhalten ist. Vermutlich bereits vor 1427 war der Bau der mächtigen Hallenkirche vollendet und die Wallfahrer konnten in einem angemessenen Rahmen ihre Gottesdienste feiern.
Nach und nach kehrten auch die Reliquien auf den Heiligen Berg zurück. Als der Münchener Bürger Ulrich Pötschner der damals noch genutzten Nikolauskapelle eine Schenkung machte, nannte er als Grund, daß dort die Heiligen Drei Hostien gezeigt wurden. Sie müssen sich zu jener Zeit also wieder in Andechs befunden haben.
Im Jahr 1438 hatte Herzog Ernst ein Stift für sechs Priester und einen Propst errichtet, doch scheinen die Seelsorger dort nie richtig Fuß gefaßt zu haben. Sein Sohn Albrecht III., Herzog von Baiern-München schließlich hatte den Wunsch, Andechs zum Hauskloster für sich und seine Familie zu machen. Er wandte sich im Jahr 1437 sogar an das Kirchenkonzil von Basel, um sich über den richtigen Weg beraten zu lassen.
Da die Chorherren es aber bald vorzogen, ihre Pfründen - also den Besitz, aus dem sie ihre Einkünfte und Lebensunterhalt

Herzog Albrecht III. von Bayern 1438-1460

bezogen - zu verlassen und in ihre angestammten Pfarreien zurückzukehren, war ein ordentlicher Wallfahrtsbetrieb kaum noch möglich, ja manchmal schien es sogar unmöglich, auch nur eine Messe auf dem Heiligen Berg zu lesen.

ANDECHS UND DIE BENEDIKTINER

So unternahm Herzog Albrecht, den man wegen seiner Bemühungen um die Wallfahrt später den Frommen nannte, nur 15 Jahre später einen weiteren Versuch, in Andechs einen ordentlichen, würdigen Rahmen für die Pilger zu schaffen. Nachdem er hohe und höchste kirchliche Würdenträger eingeschaltet hatte, erlaubte ihm schließlich Papst Nikolaus V. die Umwandlung des weltlichen Stiftes in ein Kloster. Am 17. März 1455 schließlich wurde die Umwandlung feierlich vollzogen und bereits am 23. April, nachdem die erforderlichen Umbauten erledigt waren, zogen die ersten sieben Benediktiner ein, die der Abt Kaspar Aindorffer vom Kloster Tegernsee abgeordnet hatte.

SCHWEINEFLEISCH IN BIERSOSSE

Zutaten:

500 g	*mageres Schweinefleisch*
2	*große Zwiebeln*
1 EL	*Butter*
3/4 l	*dunkles Bier*
1	*Soßenlebkuchen oder*
3 EL	*Schwarzbrotbrösel*
2 TL	*gemahlener Kümmel*
	Salz
	Pfeffer

Zubereitung:

Das Fleisch in gleich große Würfel schneiden und mit dem Kümmel, Salz und Pfeffer mischen. Die Zwiebel hacken, in der Butter anschwitzen, das Fleisch dazugeben, kräftig anbraten und mit dem Bier ablöschen.

Eine gute halbe Stunde schmoren, dann die Brotbrösel darüberstreuen oder den zerkleinerten Soßenlebkuchen und im Backofen bei 180 Grad dünsten, bis die Flüssigkeit eingekocht und das Gericht schön sämig ist.

Fleisch

GULASCH À LA JULIE

Zutaten:

1 kg	*gemischtes Gulaschfleisch von Schwein und Rind*
750 g	*Zwiebeln*
100 g	*Schweineschmalz*
1 l	*Pils*
100 g	*Semmelbrösel*
1	*große Dose Sauerkraut*
2 EL	*Kümmel*
12	*Pfefferkörner*
2	*möglichst frische Lorbeerblätter*

Zubereitung:

Das in Würfel geschnittene Fleisch mit den gehackten Zwiebeln portionsweise im Schmalz anbraten, den Kümmel, die Pfefferkörner und Lorbeerblätter mitbraten und mit dem Bier ablöschen. In eine Kasserolle füllen, mit den Semmelbröseln verrühren, das Sauerkraut darauflegen und alles anderthalb Stunden schmoren.

Eberhard Stöcklin, 1458-1462 Abt von Kloster Andechs

Bereits drei Jahre später war das Kloster selbständig und die Mönche wählten Pater Eberhard Stöcklin zu ihrem ersten Abt. Herzog Albrecht aber, der in seiner Jugend auch als Hauptfigur seiner umstrittenen Heirat mit der Augsburger Baderstochter Agnes Bernauer bekannt wurde, stiftete dem neuen Kloster weiteren Grundbesitz sowie Zoll-, Schank- und Fischereirechte, um es wirtschaftlich abzusichern. Auch fügte er dem Reliquienschatz einige weitere bedeutende Stücke hinzu und schenkte der neuen Wallfahrerkirche seine traditionell am Sonntag „laetare" vom Papst an einen Fürsten verliehene „Goldene Rose", eine Rose ganz aus Gold, die sich noch heute in Kloster Andechs befindet.
Die Übertragung des Klosters und seiner Wallfahrt an die Benediktiner entsprach ganz offensichtlich auch den Vorstellungen der einfachen Menschen. Wie sonst ist es zu erklären, daß bereits wenige Wochen nach der Klostergründung, in der Woche um Christi Himmelfahrt, ein Ansturm von etwa 40000 Gläubigen aus dem schwäbisch-bayerischen Umland bewältigt werden mußte. Traditionell boten die Wallfahrten auch den Rahmen für die Ablieferung der Abgaben und Deputate,

die den Dörfern und Höfen als Pachtzins auferlegt waren. Nach einem Erlaß des Augsburger Bischofs mußten die Gemeinden am Lechrain und im Ammerseegebiet jedes Frühjahr eine Kerze und pro Person einen Pfennig und jeden Herbst eine Kornsteuer, die sich nach der Größe des Hofes richtete, an das Kloster abgeben.
Trotzdem kann man davon ausgehen, daß den Menschen die Benediktiner als Betreuer der Wallfahrten sehr lieb waren. Ihre Lebensführung des „ora et labora", also des Betens und Arbeitens, entsprach am ehesten dem Lebensrhythmus, der auch die normale Bevölkerung prägte. Auch das Vertrauen der Wittelsbacher in den Orden war sehr groß: Herzog Albrecht jedenfalls wünschte, daß die jüngeren seiner zehn Kinder von den Andechser Mönchen erzogen und ausgebildet würden. Sie sollten „zuerst Christen, dann Menschen, endlich Fürsten" sein. Der frühe Tod des Herzogs verhinderte allerdings, daß dieser Wunsch in Erfüllung ging.
Herzog Albrecht, der am 29. Februar 1460 starb, war der erste, der in der eigens errichteten Andechser Grablege der Wittelsbacher seine letzte Ruhestätte fand. Seine Gattin Anna von Braunschweig, die er nach der Hinrichtung der Agnes Bernauer als standesgemäße Mutter seiner Kinder geheiratet hatte, starb 1474 und wurde ebenfalls in der Gruft beigesetzt.

WALLFAHRTEN UND WUNDERTATEN

In den folgenden Jahrzehnten und Jahrhunderten blieb Andechs für die Gläubigen im schwäbisch-bayerischen Voralpenland eine, ja die Wallfahrt schlechthin. Ganze Dörfer zogen zum Heiligen Berg

BIERFLEISCH TIROLER ART

Zutaten:

2	*Zwiebeln*
1/4 l	*dunkles Bier*
600 g	*Schweinefleisch*
2 EL	*Semmelbrösel*
50 g	*Bratfett*
1	*Knoblauchzehe*
	Pfeffer
	Salz
	Paprika

Zubereitung:

Die Zwiebeln würfeln, Fett in der Pfanne erhitzen und die Zwiebeln darin leicht andünsten. Etwas Bier dazugeben. Fleisch würfeln, Knoblauchzehe fein hacken und beides zusammen mit den Semmelbröseln in die Pfanne geben. Das restliche Bier dazugießen, sparsam mit Pfeffer, Salz und Paprika würzen.

Pfanne abdecken und etwa 20 Minuten bei schwacher Hitze ziehen lassen.

Fleisch

HACKBRATEN MIT BIERSOSSE

Zutaten:

2	*Semmeln vom Vortag*
2	*Zwiebeln*
2 EL	*gehackte Petersilie*
2 EL	*Butter*
1 kg	*gemischtes Hackfleisch*
2	*Eier*
100 g	*geräucherter Bauchspeck in dünnen Scheiben*
1 EL	*Mehl*
1/2 l	*Bier*
	Salz
	Pfeffer
	Majoran

Zubereitung:

Die Semmeln in Wasser einweichen und gut ausdrücken. Die Zwiebeln klein hacken und mit der Petersilie in der Butter anschwitzen. Zusammen mit den Eiern, dem Majoran, Salz und Pfeffer zum Fleisch geben. Alles sehr gut miteinander verkneten.

Eine passende Form ausbuttern, den Fleischteig zu einem Laib formen, in die Form legen, mit den Speckscheiben belegen und eine bis anderthalb Stunden bei 180 Grad im Rohr garen. Mit dem Bier immer wieder aufgießen.

und erbaten Schutz vor Hagel und Mißernten, erlangten Ablaß und beteten um Frieden und Heilung von Krankheit.
Die Mönche des Klosters notierten die Berichte von Wallfahrern, die ihnen von Heilung und Hilfe berichteten und die sie auf wundersame Fügungen, ausgelöst von der Heilskraft des Andechser Reliquienschatzes, zurückführten. In Mirakelbüchern wurden diese Wunder aufgezeichnet.
In einer der Aufzeichnungen finden sich für die Zeit seit der Klostergründung über 23 000 „Wunderzaichen", „statistisch" geordnet in folgende 17 Gruppen:

	1624 -1644	1454 -1657
1. Seind Krumb und Lambe gesund und gerad worden	74	355
2. Gehörloß vnd Taube Jr gehör erlangt	14	237
3. Die fraiß und daß vergiht bestandig verlassen	74	708
4. Schwangere frawen in Kinds Noth erfröts worden	27	1 610
5. Sprachloße vnd Stumbe Jr red Erlangt	17	175
6. Irrsinnige zu rehtem verstand khomen	17	221
7. In Wassersgefahr vnd Ungeheuer Hilf erfahrn	18	240
8. Hinfallende Krankhait Nochgelassen	21	188
9. Stain, Grieß und Leibsschaden ohne Arzney vertriben	57	826
10. Blindheit vnd Augenwehe vertriben	47	860
11. Auß den Gefangnisen vnd von Mordrischen Handen erledigt worden	10	126
12. Von Langwirigem Kopfwehe unnd Schwindl. Entledigt	23	23

13. Von augenscheinlicher Foyersgefahr behüet worden	19	21
14. Für Todtgehaltene so khein Zaichen deß Lebens gaben widerumbs gesundheit. Erlänngt	20	26
15. Underschidliche Krankheiten und andre Anligen am Vieh vergangen	16	20
16. Pestilenz, Vngarisch Fieber und dergleichen schweren Krankheiten wunderbarlich vergangen	130	3 403
17. Allerley widerwertigkheiten abgewandt worden	211	14 001
Miracula Sumatim	747	
Summa Summarum aller Wunderzaichen		23 050

RINDERBRATEN

Zutaten:

1 kg	*Rindfleisch*
150 g	*geräucherter Bauchspeck in dünnen Scheiben*
60 g	*Schweineschmalz oder ein anderes Fett*
4	*große Zwiebeln*
2	*Karotten*
3 EL	*Tomatenmark*
1	*Flasche dunkles Bier*
	Küchengarn

Zubereitung:

Das Fleisch in die Speckscheiben wickeln, mit Bratschnur fest umwickeln. In heißem Fett anbräunen, die gehackten Zwiebeln und die in Stücke geschnittenen Karotten mitbraten. Das Tomatenmark zugeben, mit dem Bier ablöschen. Den Braten im geschlossenen Topf unter fleißigem Begießen in anderthalb bis zwei Stunden fertig braten.

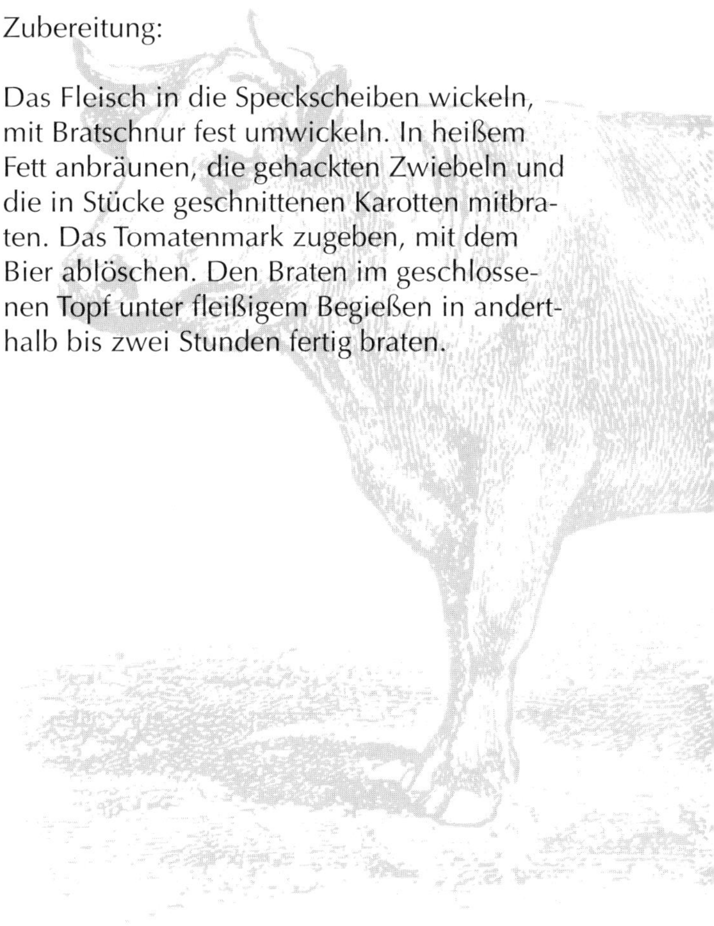

KALBSROULADEN

Zutaten:

1	*Zwiebel*
250 g	*Brät oder sehr fein gehacktes Schweinefleisch*
1/2 l	*helles Bier*
1 TL	*Mehl*
1 TL	*Tomatenmark*
4	*Kalbsschnitzel*
1	*Semmel*
3 EL	*Butter*
1/4	*Tasse eingeweichte Korinthen*
1 Prise	*Muskat*
1/4 TL	*Knoblauchsalz*
	Bratfett
	Salz, Pfeffer
	Lorbeerblatt
	Thymian
	Küchengarn

Zubereitung:

Die gehackte Zwiebel in Fett andünsten, das Schweinefleisch zugeben, würzen und mit einem kleinen Schuß Bier ablöschen, mit Mehl bestäuben. Tomatenmark, Lorbeerblatt, Thymian, Knoblauchsalz und Korinthen zugeben, wieder mit etwas Bier auffüllen und einkochen lassen, bis eine Farce entsteht.

Die schön flach geklopften, gesalzenen Schnitzel mit der Masse bestreichen, zusammenrollen und mit Faden binden. In Fett rundum braun braten.

DAS PATRONAT DER WITTELSBACHER

Die Verbindung zwischen dem Heiligen Berg und den Herzögen und Kurfürsten aus dem Hause Wittelsbach war über Jahrhunderte hinweg die beherrschende Leitlinie in der Geschichte des Klosters. Seit jeher verstand es das Adelsgeschlecht, Heiltümer in sein religionspolitisches Konzept einzubauen und tat sich daher als wirkungsvollster Förderer des Klosters Andechs hervor. Bereits im 12. und 13. Jahrhundert hatten die Wittelsbacher eine Reihe von Klöstern gestiftet, so zum Beispiel in Fischbachau, Scheyern, Indersdorf, Fürstenzell und Seligenthal, im Jahre 1330 war das Benediktinerkloster Ettal gefolgt. So hegten die Wittelsbacher natürlich auch Interesse am Heiligen Schatz von Andechs. Im Mittelpunkt standen dabei stets die Reliquien, vor allem die Heiligen Drei Hostien und das Siegeskreuz Karls des Großen. Auf dem Zugang zu den Andechser Heiltümern lag daher der Schwerpunkt ihres Interesses am Kloster. Private und politische Frömmigkeit waren dabei nur schwer zu trennen. Dem Herzog Albrecht IV. (1463-1508) allerdings – als Erneuerer Oberbayerns und Vereiniger des bayerischen Gesamtstaates in die Geschichte eingegangen – lag nicht besonders viel am Heiligen Berg. Er ließ sich in der Münchner Liebfrauenkirche bestatten, nicht neben seinem Vater in der Fürstengruft von Andechs. Überhaupt wird Andechs als Ort der Grablege in den Jahren ab 1514 zunehmend unwichtiger. Zunächst ließen die Wittelsbacher noch ihre früh verstorbenen Kinder dort beisetzen, ab 1587 wandten sie sich dann ganz anderen Kirchen zu.

Johann von Schrattenbach, 1492-1521 Abt von Kloster Andechs

AUFSCHWUNG UND NIEDERGANG

Während der Regentschaft Albrechts IV. wurde Johann von Schrattenbach (1492-1521) zum zweiten Abt von Andechs erwählt und das neugegründete Kloster erlebte seine erste Blütezeit. Doch das Blatt wendete sich bald, denn nach dem Tod des Abtes setzte eine Periode des wirtschaftlichen und personellen Niederganges ein, die bis 1588 vorhielt. Ein Grund hierfür liegt sicherlich in der Glaubensspaltung durch die Reformation, die die Zahl der Pilger erheblich zurückgehen ließ. Auch konnte sich die Wallfahrt nach Altötting zunehmend als Konkurrenz zur Pilgerschaft auf den Heiligen Berg etablieren. Bauernaufstände, pestartige Epidemien und Hungersnöte trugen schließlich das ihre zur schlechten wirtschaftlichen Lage des Klosters bei. Selbst wenn das Interesse am Kloster bei Albrechts Nachfolgern nie völlig erlahmte, so war doch in dieser schwierigen Zeit von den Wittelsbachern kaum Hilfe zu erwarten.

BRAUERKARTOFFELN

Zutaten:

500 g	*Kartoffeln*
2 EL	*Butter*
125 g	*geräucherter Bauchspeck*
1 EL	*Schweineschmalz*
125 g	*Rahm*
1/4 l	*helles Bier*
1	*Ei*
	Semmelbrösel
	Butter
	Salz
	Pfeffer

Zubereitung:

Die Erdäpfel schälen, waschen und in Scheiben von etwa einem halben Zentimeter schneiden. Eine feuerfeste Form ausbuttern, die Kartoffelscheiben einlegen. Den geräucherten Bauchspeck in Scheiben schneiden, in Schmalz anbraten, auf die Erdäpfel legen. Darauf wieder eine Lage Kartoffelscheiben.

Das Bier mit dem Rahm und dem Ei verquirlen, salzen, pfeffern und über die Kartoffelscheiben gießen. Mit Semmelbröseln bestreuen und mit Butterflöckchen belegen.

Im Ofen bei 180 Grad 40 Minuten backen.

LEBER IN BIER GESCHMORT

Zutaten:

50 g	*geräucherter Bauchspeck*
3	*Zwiebeln*
500 g	*Rinderleber*
1/4 l	*dunkles Bier*
1 EL	*Butter*
	Salz
	Pfeffer

Zubereitung:

Speck und Zwiebeln würfeln, den Speck in der Pfanne anbraten, die Zwiebeln dazu geben. Die Leber in kleine Stücke schneiden und mitbraten. Nach drei Minuten die Hitze reduzieren und mit dem Bier aufgießen, fünf Minuten schmoren. Die Leber auf eine vorgewärmte Platte geben, warmstellen, inzwischen die Soße einkochen und über die Leber gießen.

ERNEUTE BINDUNG AN DAS KLOSTER

Erst Herzog Wilhelm V., „der Fromme“, der von 1579 bis 1597 regierte, wandte sich wieder verstärkt dem Heiligen Berg zu und wurde einer der größten Wohltäter und Gönner des Klosters. Er setzte Pater David Aichler aus Ottobeuren (1588-1596) als Abt des Benediktinerklosters ein, und Andechs begann sich von seinem Tief zu erholen. Des weiteren unterstützte Wilhelm V. das Kloster durch eine Reihe von Stiftungen, die unter anderem für den Ausbau der Bibliothek verwendet wurden. Auch die Zahl der Wallfahrer stieg zu Beginn des 17. Jahrhunderts wieder an. Zu diesen Wallfahrern zählte auch der Herzog selbst, der häufig mit seinem gesamten Hof zu den Drei Hostien pilgerte.
Wilhelms Sohn Maximilian I. hielt diese religiöse Bindung an Andechs aufrecht. Er unterstützte das Kloster finanziell und ließ ihm im Jahre 1599 die großzügige Summe von 4 000 Gulden zukommen. Sein Interesse am Kloster lag zwar eher im privaten Bereich - so stiftete er zum Beispiel ein Ewiges Licht für den Altar der Fürstengruft - doch warf Maximilian auch ein kritisches Auge auf die Wallfahrt. Er übte Kritik an

David Aichler, 1588-1596 Abt von Kloster Andechs

Michael Einslin, 1610-1660 Abt von Kloster Andechs

Wallfahrtsformen, die immer mehr an mittelalterliche Geißlerzüge erinnerten, und hielt die Mönche von Andechs an, auf Mäßigung bei den Wallfahrern zu achten. Während Maximilian I. als Kurfürst Bayern regierte, wurde Michael Einslin aus Kempten Abt des Klosters. Dreißig Jahre lang, von 1610 bis 1640, leitete er als wohl bedeutendster Abt von Andechs das Benediktinerkloster. Unter ihm erlebte die Andechser Wallfahrt einen ungeahnten Aufschwung, allein in den Jahren zwischen 1622 und 1626 zogen 500 000 Pilger auf den Heiligen Berg. Mit der Rückführung der Oberpfalz zum Katholizismus machte er sich in besonderem Maße um seine Kirche verdient.

ANDECHS IM DREISSIGJÄHRIGEN KRIEG

Während dieser Zeit brach der Dreißigjährige Krieg aus. Erling, das kleine Dorf zu Füßen des Heiligen Berges, wurde von der Pest heimgesucht und 1632 standen schließlich die Schweden vor der Klosterpforte. Die Drei Hostien und den Reliquienschatz hatte man glücklicherweise schon

RIPPERL IN WEIZENBIER

Zutaten:

40 g	*Schweineschmalz oder anderes Fett*
1 kg	*Kasseler (ausgelöst)*
1/8 l	*Fleischbrühe*
1/4 l	*Weizenbier*
1 Bund	*Suppengrün*
1	*Zwiebel*
1 EL	*Tomatenmark*
2 EL	*Mehl*
1/8 l	*Sauerrahm*
	Zucker
1 TL	*Kümmel, gemahlen*
	Pfeffer

Zubereitung:

In einer Bratreine das Fett erhitzen, das Fleisch mit Pfeffer und Kümmel einreiben und sorgfältig anbraten. Mit Bier und Fleischbrühe aufgießen, zudecken und bei kleiner Hitze eine halbe Stunde schmoren.

Inzwischen das Suppengrün waschen, putzen, die Zwiebel schälen und alles klein schneiden. Zusammen mit dem Tomatenmark zum Fleisch geben und weitere dreißig Minuten schmoren.

Das Mehl mit dem Rahm verrühren, in die Soße rühren, aufkochen lassen und mit Pfeffer, Salz und einer Prise Zucker abschmecken.

Fleisch

BRAUMEISTERSTEAK

Zutaten:

3	*große Zwiebeln*
2	*gelbe Rüben*
80 g	*Schweineschmalz*
4 EL	*Mehl*
4	*dicke Scheiben Schweinehals oder -schulter*
	Salz
	Pfeffer
	Selleriesalz
	Essig
1 Prise	*Zucker*

Zubereitung:

Zwiebeln und gelbe Rüben in Scheiben schneiden, die Hälfte vom Schmalz erhitzen und das Gemüse darin kräftig anbraten. Gemüse aus der Pfanne nehmen, das restliche Fett heiß werden lassen und das im Mehl gewendete Fleisch darin braten, salzen und pfeffern.

Das Gemüse wieder zum Fleisch geben, alles mit Selleriesalz bestreuen, mit Bier aufgießen und eine halbe Stunde langsam schmoren. Die Soße mit Essig und Zucker abschmecken.

vorher nach München gebracht, sie waren also in Sicherheit. Drei Wochen war das Kloster von den Schweden besetzt, doch konnten sie das Muttergottesbild, das heute auf dem oberen Hochaltar der Klosterkirche steht, trotz Einsatz aller Kräfte nicht wegtragen. Kaum waren die Schweden abgerückt, wurde Andechs von spanischen Soldaten belagert. Ruhe kehrte erst wieder mit dem Friedensschluß von 1648 in das Kloster ein. Trotz der Widrigkeiten des Krieges bekamen die Wallfahrer stets ihr Bier ausgeschenkt, der Brauereibetrieb ging weiter. Nicht wenige Male bewahrte das Klosterbier schließlich die Bevölkerung vor der Roheit der Soldaten. Als diese nämlich das Brauhaus stürmten und den Gerstensaft in großen Mengen zu sich nahmen, blieb die berauschende Wirkung des Bieres nicht ohne Folgen: Die Plünderer schliefen ein, ihre Zerstörungswut wurde somit auf natürliche Weise gebremst. In den Jahren 1634 bis 1645 wurde dem Brauereibetrieb jedoch keine große Aufmerksamkeit mehr geschenkt. Entbehrungen, Seuchen und Hungersnöte machten den Mönchen ebenso wie den Dorfbewohnern zu schaffen. Die Rohstoffe Gerste und Hopfen waren kaum mehr zu beschaffen, und der Wasserspiegel des klösterlichen Brunnens fiel plötzlich stark ab.

BLITZSCHLAG

Im Jahre 1669 ereignete sich etwas, was sich für das Kloster als wesentlich zerstörerischer erweisen sollte als der Dreißigjährige Krieg: In der Nacht vom 3. auf den 4. Mai schlug der Blitz in den Kirchturm ein. Das Inventar von Kirche und Kloster konnte zwar gerettet werden, doch fielen die Gebäude selbst fast vollständig den

Fleisch

Flammen zum Opfer. Wie durch ein Wunder blieb der Reliquienschatz unversehrt, obwohl er zunächst nicht aus der heiligen Kapelle geborgen werden konnte. Diese war nämlich verschlossen und der Schlüssel befand sich in kurfürstlicher Verwahrung in München, wie es in den damaligen Vorschriften festgelegt war. Der Wiederaufbau des Klosters gestaltete sich als äußerst schwierig, da es an allen Ecken und Enden an Geld fehlte. Der bayerische Kurfürst versprach zwar, Geld zu schicken, doch erhielt Andechs keinen einzigen Kreuzer. So konnte der Wiederaufbau erst 1675 abgeschlossen werden, vier Jahre, nach dem das Brauhaus seinen Betrieb wieder hatte aufnehmen können.

VOM WEIN UND VOM BIER

Zu dieser Zeit erwarb das Kloster auch seine ersten Weingüter in Südtirol. Das Tischgetränk im Andechser Klostergasthof war damals nämlich nicht das billige Bier, sondern Wein. Aus diesem Grund befindet sich auf dem Schild des Gasthofes noch heute ein Weinglas, kein Bierkrug. Doch das Brauwesen spielte nach wie vor eine wichtige Rolle auf dem Heiligen Berg. Um das Jahr 1730 beschloß man, einen Bierkeller anzulegen, um das Bier besser lagern und kühl halten zu können. Ohne großes Aufheben wurde der Keller direkt in den Berg gebohrt. Dies hatte zur Folge, daß dem Bierkeller ein schützender Überbau fehlte und das Regenwasser deshalb durch die Erde sickerte und in den neuangelegten Lagerraum tropfte. Kurzerhand machte man jedoch aus der Not eine Tugend und begann direkt über dem Bierkeller mit dem Bau einer neuen Apotheke, die 1767 fertiggestellt wurde.

RINDFLEISCH-KASSEROLLE

Zutaten:

500 g	*mageres Rindfleisch aus der Hüfte oder Oberschale*
1 EL	*Bratfett*
2	*dicke Scheiben geräucherter Bauchspeck*
2	*Zwiebeln*
125 g	*Pilze nach Belieben*
2 EL	*Mehl*
1/4 l	*helles Bier*
2	*Knoblauchzehen*
1	*Lorbeerblatt*
	Salz
	Pfeffer
	Essig

Zubereitung:

Das Fleisch in Stücke schneiden, in der Pfanne im Fett scharf anbraten, in eine feuerfeste Form füllen. Die in Streifen geschnittenen Speckscheiben, die in Achtel geschnittenen Zwiebeln und die geputzten Pilze in der Pfanne anbraten, das Mehl darüberstäuben, mit dem Bier aufgießen und alles zum Fleisch in die Kasserolle geben.

Zugedeckt im Ofen zwei Stunden bei 170 Grad schmoren. Eventuell noch Bier nachgießen.

Fleisch

SCHWEINEBAUCH IN BIERKRAUT

Zutaten:

750 g	*Weißkraut*
500 g	*Schweinebauch*
1/4 l	*Fleischbrühe*
1/4 l	*Märzenbier oder helles Bier*
500 g	*säuerliche Äpfel*
1	*gelbe Rübe*
500 g	*Kartoffeln*
40 g	*Schweineschmalz*
1	*Bund glatte Petersilie*
1 EL	*Speisestärke*
2 EL	*Zucker*
	Salz, Pfeffer
1-2 EL	*Essig*

Zubereitung:

Das Kraut in feine Streifen schneiden, dabei den Strunk entfernen, das Fleisch würfeln. In einer Kasserolle das Schmalz erhitzen, den Zucker darin bräunen, mit Bier und Fleischbrühe ablöschen.

Weißkrautstreifen und Fleischwürfel einlegen, salzen und pfeffern, zugedeckt bei kleiner Hitze 45 Minuten schmoren. Inzwischen die Äpfel schälen, entkernen und in Spalten schneiden, die Karotte in Scheiben und die Kartoffeln in Würfel schneiden.

Gemüse zum Fleisch geben, 20 Minuten garen. Die Stärke mit etwas Wasser glattrühren, einrühren und aufkochen.

Mit Salz, Pfeffer und dem Essig abschmecken, die gehackte Petersilie darüberstreuen.

SCHWIERIGE ZEITEN

Die folgenden Jahrzehnte erwiesen sich als schwierig für das Kloster. Unter anderem bewirkte der Österreich-Böhmische Erbfolgekrieg von 1742, daß der Heilige Schatz aus Sicherheitsgründen bis 1745 in Augsburg bleiben mußte. Auch das Haus Wittelsbach zeigte in diesen Jahren kein großes Interesse am Heiligen Berg. Dies änderte sich erst mit Max III. Joseph, der die Kontakte zwischen dem Fürstenhaus und Andechs wieder vertiefte.

JUBILÄUMSFEIER

1746 wurde Bernhard Schütz Abt von Andechs. Er hatte zum 300-jährigen Jubiläum des Klosters umfangreiche Renovierungsmaßnahmen geplant und ließ unter anderem den Innenraum der Wallfahrtskirche völlig erneuern. Mit dieser Aufgabe hatte er den Hofmaler und Hofstukkator Johann Baptist Zimmermann und die Bildhauer Johann Baptist Straub aus München und Franz Xaver Schmädl aus Oberstdorf betraut. Das Fest zum Jubiläum der Klosterstiftung fand dann unter großer Anteilnahme der Bevölkerung am 27. September 1755 statt. Etwa 30 000 Gläubige kamen, um die heiligen Sakramente zu empfangen, so daß nicht nur in der Kirche gebeichtet wurde, sondern auch im Kreuzgang des Klosters. Kurz darauf stattete Max III. Joseph mit seiner Gemahlin dem Heiligen Berg einen Besuch ab. Er ließ dem Kloster großzügige Spenden zukommen, die 1757 den Bau des Rokokoaltars in der Heiligen Kapelle ermöglichten. Außerdem stiftete er einen neuen Reliquienschrein für die Heiligen Drei Hostien.

AUFKLÄRUNG UND SÄKULARISATION

Im Laufe des 18. Jahrhunderts nahmen die Schwierigkeiten des Klosters durch den Einfluß der Aufklärung zu. Schon 1720 war der Aufschlag auf das klösterliche Brauwesen erhöht worden, was die Andechser Klosterbrauerei fast an den Rande des Existenzminimums brachte. Zum Jahreswechsel 1777/78 übernahm dann Kurfürst Karl Theodor die Regentschaft über Bayern, ein Wegbereiter der Säkularisation. Max IV. Joseph erteilte im Jahre 1800 die Anordnung, alles Kirchensilber in Andechs zu inventarisieren und das „Überflüssige“ in München abzuliefern.

DAS ENDE DES KLOSTERS

Am 17. März 1803 erschien der „Aufhebungskommissar“ Baron Göhl auf dem Heiligen Berg und verlas das „Subpressions-Instrument“, das die Aufhebung des Klosters befahl. Die Fürstengruft wurde geplündert, das Kirchensilber und die Reliquiare beschlagnahmt wie das Klostergebäude und die Brauerei (die versteigert werden sollten). Allerdings scheute sich der Baron, die Heiligen Drei Hostien aus ihrer Monstranz zu nehmen. Auch die Patres weigerten sich, und so verblieben die Heiltümer durch eine glückliche Fügung in der Kirche. Die 29 Mönche wurden vertrieben und mit einer bescheidenen Pension abgespeist. Die meisten von ihnen bestritten daraufhin als Seelsorgegeistliche in Pfarreien ihren Lebensunterhalt. Einer von ihnen, Pater Ildefons Nebauer, trat im Jahre 1830 in das von Ludwig I. errichtete Kloster Metten ein und spannte damit den Bogen zwischen dem Benediktinertum in Bayern vor und nach der Säkularisation.

MÜNCHNER RINDFLEISCHTOPF

Zutaten:

2 EL	*Schweineschmalz*
2	*Zwiebeln*
750 g	*mageres Rindfleisch*
2 EL	*Mehl*
1	*Flasche Bockbier*
1	*Spritzer Essig*
	etwas Fleischbrühe
2 EL	*Tomatenmark*
1 TL	*Zucker*
2 EL	*Tomatenketchup*
	Thymian
1 EL	*gehackte Petersilie*
1	*Lorbeerblatt*
	Salz
	Pfeffer

Zubereitung:

In der Hälfte des Schmalzes die gehackten Zwiebeln glasig werden lassen, auf einen Teller geben und beiseite stellen. Das Fleisch in Würfel schneiden, in Mehl wälzen, im restlichen Schmalz sehr kräftig anbraten, aus der Pfanne nehmen und beiseite stellen.

Den Bratensatz mit zwei Dritteln vom Bier und dem Essig lösen, Fleischbrühe, Ketchup, Tomatenmark, Zucker und Gewürze zugeben und köcheln lassen.

Eine feuerfeste Form mit Schmalz ausstreichen, lagenweise Fleisch und Zwiebeln einschichten, mit Salz und Pfeffer würzen, die Soße darübergeben, den Rest des Bieres einfüllen, im geschlossenen Topf anderthalb Stunden bei 180 Grad im Ofen garen.

KALBSBRUST IN BIER GESCHMORT

Zutaten:

1 kg	*Kalbsbrust*
3 EL	*Butterschmalz*
3	*Zwiebeln*
3	*gelbe Rüben*
1/8 l	*Fleischbrühe*
1/2 l	*helles Bier*
4	*Tomaten*
	Knoblauchzehen
1 TL	*Tomatenmark*
1 EL	*gehackte Petersilie*
	Rosmarin
	Salz
	Pfeffer

Zubereitung:

Das Fleisch mit Salz und Pfeffer einreiben und im heißen Fett von allen Seiten schön braun anbraten, herausnehmen und beiseite stellen.

Die Zwiebeln fein hacken, mit den geputzten und in Scheiben geschnittenen gelben Rüben im Bratfett rösten, mit Fleischbrühe und Bier aufgießen. Das Fleisch wieder in den Topf legen, den Deckel auflegen und bei 200 Grad im Rohr garen.

Nach einer Stunde die gehäuteten, in Stücke geschnittenen Tomaten, den durchgepreßten Knoblauch und Rosmarin nach Geschmack zugeben. Mit Tomatenmark abschmecken, mit Petersilie bestreuen.

NEUBEGINN UNTER KÖNIG LUDWIG I.

Für den Spottpreis von 25 000 Gulden wechselte das säkularisierte Kloster - ohne Wallfahrtskirche, Waldbesitz und Klosterapotheke - gut ein Jahr später den Besitzer. Ein böhmischer Tuchfabrikant ließ sich auf dem Heiligen Berg nieder und wollte dort eine Textilfabrik einrichten. Doch schon 1805 mußte er Andechs wieder verkaufen, mit einem Gewinn von ganzen 1000 Gulden. Der nächste Besitzer: Freiherr Christoph von Aretin, ein sehr aufgeklärter Mann, der als „Klosterstürmer“ galt. Seine „Verdienste“ um das Kloster: Er ließ die wertvollen kupfernen Dachrinnen abmontieren und die Elisabethkirche am Rande des Kientals abreißen, um die Steine als Baumaterial zu verkaufen. Auch Aretin behielt das Kloster nur ein Jahr.

ANDECHS UND LUDWIG I.

Erst als der vom jüdischen Glauben zum Katholizismus übergetretene Bankier Heinrich Siegmund Pappenheimer, Freiherr von Kerstendorf, Andechs im Jahr 1817 übernahm, wurde der fortschreitende Verfall der Gebäude und der Landwirtschaft aufgehalten. Nach Pappenheimers Tod und einem weiteren Verkauf übernahm schließlich König Ludwig I. das Kloster, das ihm sehr gelegen kam. Denn er war gerade dabei, mit St. Bonifaz in München die Wittelsbacher Tradition der benediktinischen Klosterstiftungen wieder aufzunehmen. Da die innerhalb der Stadtgrenzen liegende künftige Abtei an ihrem Standort keine größeren Einnahmen

erzielen konnte, um sich zu versorgen und wirtschaftlich über Wasser zu halten, suchte der König nach einem Wirtschaftsgut mit ausreichend großer Landwirtschaft.
Also erwarb Ludwig I. das Kloster Andechs im März 1846. Er unterschied sich sehr von seinem Vater Max Joseph. Ein ausgeprägtes Rechtsgefühl und tiefe Religiosität prägten diesen hochgebildeten, von vielen Skrupeln geplagten Mann. Er hatte als Generalgouverneur des Landes Salzburg die Aufhebung der beiden Benediktinerabteien in Salzburg verhindert. In Bayern mußte er seinen Wunsch, den Benediktinern wieder eine Heimat zu geben, aus eigener Tasche bezahlen, weil eine übermächtige, aufgeklärte und klosterfeindliche Verwaltung jegliche staatliche Aktivität in diese Richtung hintertrieb.
Er sicherte den Fortbestand der Klöster in Regensburg, Metten, Scheyern, Weltenburg, stiftete Ottobeuren, belebte die Benediktinerinnenabteien in Eichstätt und auf der Fraueninsel im Chiemsee wieder – um nur seine Bemühungen um den Orden des heiligen Benedikt zu nennen. Andechs sollte nicht nur seine Lieblingsstiftung, die Abtei St. Bonifaz, wirtschaftlich absichern, sondern dem König lag auch die alte Wallfahrt am Herzen, die er unbedingt wiederbeleben wollte. Zunächst erhielt das Kloster Metten die Aufgabe, Andechs wieder aufzubauen und auf seine neuen Aufgaben vorzubereiten. Noch im Jahr 1846, genau 43 Jahre nach der Säkularisation, zog der Mettener Benediktinerpater Emmeram Seebauer, der zuvor im Kloster Weltenburg ebenfalls Aufbauarbeit geleistet hatte, nach Andechs.
Die Aufgabe war schwer, oft schien sie unlösbar. Geld aus München war äußerst knapp, die Kloster- und Wirtschaftsgebäude heruntergewirtschaftet, die Brauerei vollkommen veraltet und kaum noch zu betreiben. Zudem hatten die Mettener Patres auch die

BIERWÜRZIGE FILETSPITZEN

Zutaten:

200 g	*Zwiebeln*
50 g	*geräucherter Bauchspeck*
5	*Scheiben Parmaschinken*
1/4 l	*dunkles Bier*
1/2 l	*Fleischbrühe*
1	*Scheibe altbackenes Schwarzbrot*
600 g	*Rinderfilet*
2 EL	*Öl*
8	*Schalotten*
2	*Knoblauchzehen*
	Majoran
1 TL	*gemahlener Kümmel*
5	*Wacholderbeeren*
1 TL	*Korianderkörner*
	Salz
	Pfeffer

Zubereitung:

Den Speck klein würfeln, in einer Pfanne erhitzen und darin die fein gehackten Zwiebeln kräftig anbraten, Knoblauch durchgepreßt zufügen und die Gewürze mit Fleischbrühe und Bier ablöschen. Das Schwarzbrot in die Soße krümeln und alles eine halbe Stunde köcheln. Durch ein Sieb streichen.

Das Filet in Streifen schneiden, im heißen Öl rasch anbraten, mit Salz und Pfeffer würzen, die Soße darübergießen, kurz durchkochen. Die Schalotten in Scheiben schneiden, den Schinken in Streifen schneiden, in etwas heißer Butter schwenken und über das Fleisch geben.

OCHSENSCHWANZRAGOUT

Zutaten:

2 EL	*Butterschmalz*
50 g	*geräucherter Bauchspeck*
1	*große Zwiebel*
1	*Knoblauchzehe*
1 kg	*Ochsenschwanz, in Stücke gehackt*
1/4 l	*dunkles Bier*
1/4 l	*Fleischbrühe*
200 g	*Sellerie*
200 g	*Tomaten*
2 EL	*gehackte Petersilie*
	Salz
	Pfeffer

Zubereitung:

Den Bauchspeck in kleine Würfel schneiden, das Butterschmalz erhitzen, den Speck anrösten, die gehackte Zwiebel, den Knoblauch und die Fleischstücke zugeben und kräftig anbraten. Salzen, pfeffern und mit Fleischbrühe und Bier aufgießen.

Die Tomaten häuten, in Achtel schneiden, den Sellerie würfeln und alles zum Fleisch geben. Möglichst langsam bei 150 Grad im geschlossenen Topf drei bis vier Stunden schmoren.

Aufgabe, als Wallfahrtspriester und Ortspfarrer das religiöse Leben auf und um den Heiligen Berg wiederzubeleben. Das zumindest gelang sehr schnell und mit gutem Erfolg.
Es dauerte aber bis 1850, ehe die Abtei St. Bonifaz tatsächlich gestiftet und Andechs in der Stiftungsurkunde als untergeordnetes Kloster und Priorat eingerichtet wurde. Das tat freilich dem geistlichen Leben auf dem Heiligen Berg keinen Abbruch, wenn sich auch im Lauf der Zeit manche Formen verändert und neue Schwerpunkte entwickelt haben. Zwei Jahre vor der endgültigen Stiftung hatte der König wegen seiner berüchtigten Affäre mit der spanischen Tänzerin Lola Montez zugunsten seines Sohnes Maximilian II. abgedankt.

DIE ABTEI ST. BONIFAZ

„Eingedenk des Nutzens, welchen der Benediktinerorden seit so vielen Jahrhunderten der Kirche, dem Staate und durch seine Forschungen den Wissenschaften gebracht", stiftete der König die Abtei, die seinen Plänen entsprechend sehr bald zu einem Hort des geistig-wissenschaftlichen Lebens der Landeshauptstadt werden sollte. Ihm schwebte ein „königliches Erziehungsinstitut für Studierende" vor. „Wir vertrauen bei dieser von Uns gemachten Stiftung bezüglich des Gedeihens derselben auf den höheren Beistand Gottes, und geben Uns der angenehmen Hoffnung hin, daß diese Abtei unter kräftigem Zusammenwirken der Ordensmitglieder in Bälde einen recht erfreulichen Aufschwung nehmen, insbesondere aber Unser fortan im Gebete gedenken werde", heißt es in der Stiftungsurkunde.
Die Einrichtung des Studieninstitutes bereitete erhebliche Schwierigkeiten, denn es fehlte zunächst das notwendige, qualifi-

Paul
Birker,
1850-1854
Abt von
Sankt Bonifaz

zierte Lehrpersonal. Das darf nicht verwundern, denn schließlich waren alle Klöster in diesen Jahren mit dem Aufbau ihrer Konvente beschäftigt. Doch bereits nach wenigen Jahren galt die junge Abtei als eines der wichtigen geistigen Zentren Münchens, ein Ruf, den St. Bonifaz bis heute gepflegt hat. Der Abtei zugeordnet war auch das damalige Königliche Neue Gymnasium, heute als Ludwigsgymnasium bekannt. Dabei stellte das Kloster angesichts des eklatanten Personalmangels allerdings nur einige Rektoren, nicht aber den eigentlichen Lehrbetrieb.
Der erste Abt von St. Bonifaz, Paulus Birker, kam vom Kloster St. Stephan in Augsburg. Er betraute das Kloster Andechs auch mit der Aufgabe, die Novizen der Abtei aufzunehmen, zu prüfen und sie auf das Leben in der klösterlichen Gemeinschaft vorzubereiten. Außerdem richtete dann der Abt Bonifaz von Haneberg, der seit 1854 amtierte, auf dem Heiligen Berg die Sankt-Nikolaus-Anstalt ein, die sich vor allem um Waisenkinder kümmerte. Bald darauf kam mit der Sankt-Gregorius-Anstalt in Rothenfeld eine weitere Einrichtung hinzu, in der verwahrloste und

VERSTECKTE SCHWEINEKOTELETTS

Zutaten:

200 g	*Champignons*
1	*Stange Lauch*
4	*Schweinekoteletts*
1/8 l	*Bier*
1 TL	*getrockneter Majoran oder einige Zweige frischer Majoran*
1 TL	*Kapern*
1	*Bund Petersilie*
	Knoblauchzehen
	Salz
	Pfeffer

Zubereitung:

Die Pilze putzen und blättrig schneiden, den Lauch gründlich waschen und fein schneiden.

Die Koteletts im heißen Fett anbraten, mit Salz und Pfeffer würzen. Die kleingeschnittenen Gemüse mit dem durchgepreßten Knoblauch, der gehackten Petersilie und den Kapern mischen, auf die Koteletts verteilen, mit Bier aufgießen und fertig schmoren.

OSTERSCHINKEN

Zutaten:

250 g	*Zwiebeln*
2	*Knoblauchzehen*
1	*Bund Suppengrün*
2 EL	*Schmalz*
500 g	*Schweinekleinfleisch oder gehackte Kalbsknochen*
1/2 l	*Kölsch*
1/2 l	*Fleischbrühe*
1	*gekochter Nußschinken*
1 EL	*Speisestärke*
150 g	*Sauerrahm*
1	*Lorbeerblatt*
2	*Gewürznelken*
2	*Prisen gemahlener Kümmel*
1	*Messerspitze gemahlener Piment*
	Salz
	Pfeffer

Zubereitung:

Das Suppengrün putzen, die Zwiebeln sowie den Knoblauch abziehen, alles klein hacken. In einem Bräter das Schmalz erhitzen, unter großer Hitze das Kleinfleisch oder die Knochen sehr scharf anbraten, das Gemüse, die Nelken und das Lorbeerblatt kurz mitbraten und mit Bier und Fleischbrühe aufgießen.

Den Schinken einlegen und auf kleiner Flamme mehr ziehen als kochen lassen. Nach anderthalb Stunden das Fleisch herausnehmen, die Soße durch ein Sieb geben und einkochen. Mit der in Wasser angerührten Speisestärke binden, nach dem Aufkochen den Sauerrahm unterziehen.

gefährdete Jugendliche Aufnahme und Heimat fanden. Beide Heime mußten in der Folge des Ersten Weltkrieges schweren Herzens wieder aufgegeben werden. Zu große Lücken hatten die zehn gefallenen Brüder hinterlassen.

Daniel Bonifaz von Haneberg, 1854-1872 Abt von Sankt Bonifaz

DAS 20. JAHRHUNDERT

Wichtige Impulse gaben der Andechser Prior Maurus Rath und der langjährige Cellerar Odilo Schwarzmeier, die Mitte der Zwanziger Jahre die Verantwortung für Kloster und Wirtschaftsbetriebe übernahmen. Sie ordneten die Betriebe neu und versetzten sie sowohl organisatorisch wie technisch in die Lage, nicht nur zu bestehen, sondern auch das notwendige Geld für den Unterhalt des Andechser Klosters wie der Münchener Abtei zu verdienen. Angesichts rückläufiger Nachwuchszahlen mußten beide aber auch sehr viel Phantasie darauf verwenden, die Seelsorge und Organisation der Wallfahrten deutlich zu straffen. Hier wurde erneut der Zeitgeist spürbar, der auf den Zweiten Weltkrieg und die Diktatur des Dritten Reiches zulief.

Fleisch

In dieser Zeit kamen weitaus weniger Menschen zum Heiligen Berg gepilgert. Als am 25. April 1944 die Abtei St. Bonifaz ein Opfer der Bomben wurde, versammelte sich fast der gesamte Konvent in Andechs. Die wertvollen Bestände der Bibliothek wurden aus München herbeigeschafft und in die damals leeren Hallen der Mälzerei eingelagert. Trotzdem fielen dem Brand des Bombenangriffs noch fast 100 000 Bände zum Opfer.

AUFSCHWUNG DER WALLFAHRT NACH KRIEGSENDE

Nach dem Zweiten Weltkrieg nahm die Wallfahrt wieder einen großen Aufschwung: Nach schweren und entbehrungsreichen Jahren wollten die Menschen danken für den wiedergewonnenen Frieden oder die glückliche Heimkehr aus der Gefangenschaft. Wieder andere beteten für vermißte Angehörige, von denen sie lange nicht wußten, ob sie überhaupt noch am Leben waren. An Bedeutung zu nahmen auch die Wallfahrten zu den drei heiligen Frauen von Andechs, der seligen Mechthild, der heiligen Hedwig und der heiligen Elisabeth. Ihnen zu Ehren wurde 1949 ein eigenes Denkmal aufgestellt. An hohen Festtagen zählten die Mönche zehntausende Wallfahrer in ihrem Kloster. Am Pfingstmontag des Jahres 1952 sollen es über 50 000 gewesen sein.

ANDECHS ALS TOURISTISCHES UND GEISTLICHES ZENTRUM

Dieser Entwicklung mußten sich auch Kloster-Ökonomie und -Gastronomie anpassen. Denn bis heute reißt der Strom der Besucher nicht ab, auch wenn sich unter die Wallfahrer und diejenigen, die zu einem stil-

RINDERZUNGE EINMAL ANDERS

Zutaten:

1	*gepökelte Rinderzunge*
1	*Bund Suppengrün*
1	*große Zwiebel*
60 g	*Butter*
1/4 l	*dunkles Bier*
1 EL	*Sultaninen*
	abgeriebene Schale von einer halben Zitrone
1 TL	*gehackte Mandeln*
1	*Lorbeerblatt*
2	*Nelken*
1 TL	*Zucker*
1 Prise	*Muskatnuß*
	schwarze Pfefferkörner
	Salz

Zubereitung:

Die Zunge waschen und ein bis zwei Stunden wässern. Das Suppengrün waschen und putzen, die Zwiebel schälen und alles klein schneiden. In einem großen Suppentopf etwa eineinhalb Liter Wasser mit dem Suppengrün und den Gewürzen zum Kochen bringen, die Zunge einlegen und bei kleiner Hitze zugedeckt zwei Stunden garen. Per Gabelstich eine Garprobe machen. Die Zunge aus der Brühe nehmen, beiseite stellen. Von der Brühe einen halben Liter abseihen. In einem kleinen Topf die Butter schmelzen, den Zucker einstreuen und karamelisieren lassen, mit der Brühe und dem Bier aufgießen, die Sultaninen zugeben und mit Muskatnuß, Zitronenschale und Salz würzen.

Die noch gut warme Zunge häuten, in Scheiben schneiden und in der Soße wieder erhitzen.

Fleisch

GULASCH IN GUINNESS

Zutaten:

200 g	*Dörrpflaumen ohne Stein*
750 g	*Rindfleisch aus der Wade*
2	*Gemüsezwiebeln*
250 g	*gelbe Rüben*
250 g	*Markknochen*
2 EL	*Mehl*
1/2 l	*Guinness oder ein anderes dunkles Bier*
2 EL	*Öl*
3	*Lorbeerblätter*
2 EL	*Haselnußkerne*
1 EL	*gehackte Petersilie*
	Salz
	Pfeffer

Zubereitung:

Die Pflaumen über Nacht in kaltem Wasser einweichen. Das Rindfleisch in Würfel schneiden. Die Zwiebel schälen, die gelben Rüben schaben und beides in Scheiben schneiden.

Das Öl in einem schweren Topf erhitzen, das Fleisch darin portionsweise sehr scharf anbraten, die Markknochen, Zwiebeln, Karotten und die Lorbeerblätter mitbraten. Das Mehl überstäuben, bräunen, mit dem Bier ablöschen und ein Viertelliter Wasser angießen. Mit Salz und Pfeffer würzen, zudecken und bei 175 Grad im vorgeheizten Ofen zwei Stunden schmoren.

Die Haselnüsse hacken, in einer trockenen Pfanne anrösten bis sie kräftig duften, auskühlen lassen. Die Backpflaumen abtropfen lassen und mit den Haselnüssen füllen,

len Gebet in die Klosterkirche kommen, zunehmend Menschen mischen, die das Kloster lediglich seiner Schänke oder des Biergartens wegen besuchen. Doch darf die Zunahme von Tourismus und Ausflugsverkehr nicht darüber hinwegtäuschen, daß Kloster Andechs ein geistliches und kulturelles Zentrum nicht nur des Fünf-Seen-Landes ist, sondern mit vielen Veranstaltungen, Konzerten, Seminaren, Exerzitien und Meditationstagen, den liturgischen und spirituellen Kursen des Nikolaus-Kollegs auch weit über die Region hinauswirkt.
Und noch immer kommen regelmäßig über 100 Pfarreien mit ihren Gläubigen, teilweise in tagelangen Fußwallfahrten, zum Heiligen Berg gepilgert; zu Anlässen wie der Kreuzwoche, weitere 150 Pfarreien mit zehntausenden von Wallfahrern. Für sie alle Gottesdienste zu organisieren, die Beichten abzunehmen, ihnen Kirche und Klosterschätze bei Führungen zu erläutern, sie anschließend ordentlich zu verköstigen, das erfordert professionelles Management.
Einen wertvollen Beitrag hierbei leistet der Verein „Freundeskreis Kloster Andechs e.V.", der sein Engagement weniger in der finanziellen Unterstützung des Klosters sieht als vielmehr im Mitdenken und Mithandeln. Die künstlerische Gestaltung von Festgottesdiensten liegt ebenso in Händen des Vereins wie Auftritte von Volksmusikgruppen, Vortragsabende oder andere Kulturveranstaltungen. 1982 wurde der Komponist Carl Orff in der Schmerzhaften Kapelle in der Andechser Klosterkirche beigesetzt. Die besondere Pflege seines Musikschaffens hat sich das Kloster zu eigen gemacht und dafür den Verein „Orff in Andechs" und die „Kloster Andechs Kultur- und Veranstaltungsgesellschaft" geschaffen, der auch die Koordination des gesamten kulturellen Lebens auf dem Heiligen Berg obliegt.

WOHL FÜR LEIB UND SEELE

Manche kritischen Stimmen beklagen den an vielen Tagen durchaus hohen Geräuschpegel auf dem Heiligen Berg, die weitverbreitete Bierseligkeit und den Massenbetrieb, der die Besucher nach Tausenden zählt. Aber buntes Treiben ist seit jeher ein Kennzeichen der in der Frömmigkeit der Bayern tief verwurzelten Wallfahrt und ein Ausdruck gewachsener landestypischer Lebensart. Es ist ja auch bei vielen anderen Anlässen üblich, zunächst den Gottesdienst zu feiern und sich anschließend zum Essen und Trinken zusammenzufinden: Das ist bei einer Beerdigung nicht anders als bei einer Hochzeit oder Kindstaufe.

Es entspricht im übrigen guter benediktinischer Tradition, den Menschen nicht als rein geistliches Wesen zu begreifen, dem das Kloster ausschließlich seelsorgerisch zur Seite zu stehen hat, sondern in seiner Gesamtheit als körperlich-geistig-seelisches Stück der göttlichen Schöpfung. Abgesehen davon ist auch die herzlich gern gewährte Gastfreundschaft jedem wohlwollenden Besucher gegenüber eine der Wesenszüge, die der Ordensgründer, der heilige Benedikt, in seiner Regel von den Brüdern fordert.

Schließlich darf auch nicht vergessen werden, daß die Benediktiner kein Bettelorden sind, sondern sich und den ihnen anvertrauten Besitz aus eigener Kraft versorgen und unterhalten. All dies kostet Geld, ziemlich viel sogar, und dieses – für St. Bonifaz in München – zu verdienen, war schließlich die erste Aufgabe, die dem Priorat nach dem Willen seines königlichen Stifters zufiel. Gleichwohl ist es Aufgabe des Klosters, den rechten Weg zwischen ökonomischer Notwendigkeit, Erfüllung der gestellten Aufgaben sowie der Würde und Bedeutung des heiligen Ortes zu suchen.

eine halbe Stunde vor Ende der Garzeit in den Topf geben und mitschmoren.

Die Markknochen und die Lorbeerblätter entfernen, mit Pfeffer und Salz abschmecken und mit der Petersilie bestreuen.

ONKEL PEPIKES GULASCH

Zutaten:

1/2	*kleine Sellerieknolle*
2	*Petersilienwurzeln*
4	*gelbe Rüben*
500 g	*Zwiebeln*
1 kg	*Schweineschulter*
2 EL	*Butterschmalz*
2 EL	*Sauerrahm oder Crème fraîche*
1/2 l	*Pilsner Bier*
1 TL	*Kümmel*
1/2 TL	*getrockneter Majoran*
1 Prise	*Zucker*
	Salz
	Pfeffer

Zubereitung:

Die Sellerieknolle, die Petersilienwurzeln und die gelben Rüben putzen und recht klein würfeln, die Zwiebel abziehen und klein hacken. Das Fleisch in Würfel schneiden.

In einem schweren Topf das Butterschmalz erhitzen, das Fleisch kräftig anbraten, während des Bratens das Gemüse, den Kümmel und den Majoran dazugeben. Mit dem Bier aufgießen, salzen und pfeffern. Zudecken und bei kleiner Hitze eine Stunde schmoren.

Mit Salz, Pfeffer, Zucker abschmecken, den Sauerrahm einrühren.

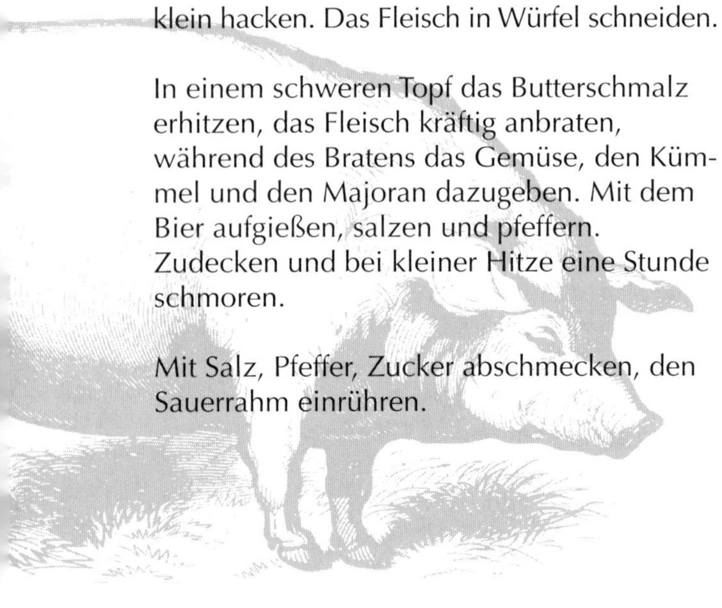

FASTEN UND GENIESSEN

Wer vom Kloster Andechs spricht, denkt heute beinahe automatisch auch ans Bier. Das war nicht immer so. Denn auch im Bier-Stammland Bayern hat zunächst ein anderes Getränk die Hauptrolle gespielt: der Wein. Zumindest im Mittelalter tranken auch die Bayern weitaus mehr Wein als Bier. Ortsnamen wie Winzer oder Weinberg erinnern ebenso wie die weitverbreiteten urbayerischen Familiennamen Weinzierl oder Weingartner daran, daß in früheren Jahrhunderten Rebgärten nicht nur an Donau und Isar oder im bis heute bedeutenden Anbaugebiet zwischen Main und Tauber gediehen, sondern überall im Land. Auch das Wirtshausschild des Andechser Klostergasthofes zeigt ja bis heute ein Weinglas statt des vielleicht erwarteten Maßkrugs.
Bis mit der Säkularisation der Abtei Andechs alles Eigentum genommen wurde, besaßen die Mönche noch drei Weingüter in der Nähe von Bozen, die einen sehr ordentlichen Wein gekeltert und auf den Heiligen Berg geliefert haben sollen. Der Rebensaft war beileibe nicht nur als Meßwein gedacht, sondern wurde im Refektorium zum Essen ausgeschenkt. Immer wieder reisten Mönche nach Südtirol, um die Pflege der Weingärten, die Lese der Trauben, das Keltern und den Ausbau der Gewächse zu überwachen. Folglich hatte das Kloster auch einen seiner Konventsmitglieder mit der Aufgabe eines Kellermeisters betraut, der neben dem Cellerar als dem eigentlich für die Versorgung des Konvents mit Speisen und Getränken Verantwortlichen amtierte.

KLÖSTER UND BIER

Trotzdem ist die Geschichte des Bieres untrennbar mit der des Mönchtums verbunden. Denn die Klöster sorgten zum einen für die Verbreitung der notwendigen Technik und Rezepturen und galten zum anderen als Garanten für ein sauberes, ehrliches Bier. Das muß durchaus eigens gesagt werden. Denn zu allen Zeiten hat es üble Panscher gegeben, die ihr Bier mit Zutaten brauten, von denen sie am besten niemand etwas erzählten. Um es ganz klar zu sagen, das berühmte bayerische Reinheitsgebot von 1516, das im übrigen in mehreren Städten bereits ungefähr gleichlautende Vorläufer hatte, wurde nicht ohne Grund verkündet. Denn manches, was sich früher Bier nannte, bestand ganz gewiß nicht nur aus Wasser, Malz und Hopfen.
Die Liste der Zutaten, die überliefert sind, läßt jedem aufrechten Bierfreund kalte Schauer den Rücken hinunterjagen. Von Baumrinde und Wurzeln, von Beeren und Kräutern ist da die Rede. Im Lauf von vermutlich gut 10 000 Jahren, in denen der Mensch das Bierbrauen von einem zufällig entdeckten Prozeß zu einer wahren Kunst entwickelte, gab es eben auch zahlreiche Irrwege und manchen unlauteren Brauer.

DIE GESCHICHTE DES BIERBRAUENS

Die ersten nachweisbaren Zeugnisse der Bierkultur sind aus dem Zweistromland zwischen Euphrat und Tigris, das die Griechen Mesopotamien nannten, überliefert. Dort, wo 3 000 Jahre vor Christi Geburt eine der „Wiegen der Zivilisation“ entstand, haben die Sumerer vor rund 6 000 Jahren in Bildern und Keilschriften festgehalten, wie bei ihnen Brot und Bier hergestellt wurden. Daß

DREIERLEI FLEISCH IN BIER

Zutaten:

1 kg	*Ochsenschwanz in Stücken*
1	*Bund Suppengrün*
4 EL	*Butterschmalz*
1/2 l	*helles Bier*
1/4 l	*Wasser*
500 g	*Lammfleisch aus der Schulter oder Keule*
500 g	*Kalbsbrust ohne Knochen*
1	*Bund glatte Petersilie*
250 g	*Reherl (Pfifferlinge)*
100 g	*Sauerrahm oder Crème fraîche*
1 Prise	*geriebene Muskatnuß*
3	*Nelken*
	Salz, Pfeffer

Zubereitung:

Die Ochsenschwanzstücke waschen und trocknen. Das Suppengrün putzen und zerkleinern, die Zwiebeln abziehen und hacken.

In einem großen Schmortopf das Butterschmalz erhitzen, das Fleisch scharf anbraten, die Zwiebeln und das Suppengrün mitbraten, mit Salz, Pfeffer, Muskatnuß und den Nelken würzen. Das Bier und einen Viertelliter Wasser angießen und zugedeckt eine Stunde schmoren.

Inzwischen das Lammfleisch und die Kalbsbrust in Stücke schneiden, in einer Pfanne kräftig anbraten, mit Salz und Pfeffer würzen, mit etwas Wasser ablöschen und alles zum Ochsenschwanz geben. Eine Stunde weiter köcheln.
15 Minuten vor Ende der Garzeit die geputzten Schwammerl und die Petersilie untermischen. Mit Sauerrahm abschmecken.

Fleisch

ZWIEBEL-BIERFLEISCH

Zutaten:

3	*Gemüsezwiebeln*
4	*Scheiben Schweinehals oder -schulter*
2 EL	*Butterschmalz*
1/2 l	*dunkles Bier*
1 EL	*geriebenes Schwarzbrot*
1 Prise	*gemahlener Kümmel*
1/2 TL	*Majoran*
	Salz
	Pfeffer

Zubereitung:

Die Zwiebeln abziehen und in Scheiben schneiden. In einem Schmortopf das Butterschmalz erhitzen, das Fleisch anbraten, mit Salz und Pfeffer würzen, aus dem Topf nehmen.

Im Bratfett die Zwiebeln glasig anlaufen lassen, die Fleischscheiben auf die Zwiebeln legen, mit Kümmel und Majoran würzen.

Mit dem Bier aufgießen, die Brotkrümel unterrühren, den Deckel auflegen. Im Rohr bei 175 Grad 40 Minuten garen.

diese beiden Prozesse gemeinsam beschrieben werden, ist kein Zufall. Denn beide laufen ein Stück weit gleich ab. Das Getreide, aus dem man Brot bäckt, bildet auch die Grundlage für Bier. Der Gärungsprozeß, der den Teig lockert, läßt auch Alkohol und Kohlensäure entstehen, wie wir es im Bier gewohnt sind.
Vermutlich waren die ersten Biere schon lange, ehe die Sumerer ihre Rezepturen erstmals schriftlich festhielten, eher aus Versehen entstanden. Brotteig oder auch naß gewordenes Getreide gehen sehr schnell in Gärung über, wenn man sie nicht schnell weiterverarbeitet. Und man braucht nur wenig Phantasie, um sich vorzustellen, daß die Menschen der Frühzeit sehr bald Gefallen an den berauschenden Getränken gefunden haben, die sich da in ihren Teigschüsseln gebildet haben.

Aus allen alten Kulturen, von denen wir schriftliche oder bildliche Zeugnisse besitzen, sind Bierrezepte bekannt. Verwendet wurden alle bekannten Getreidesorten, vor allem Emmer, Dinkel, Hirse, Gerste und Hafer – je nachdem, was in der jeweiligen Gegend bekannt war und angebaut wurde.
Wie wichtig den Menschen ihr Bier war, kann man unter anderem daraus ersehen, daß sowohl im ältesten bekannten Gesetzbuch, dem Kodex des Hammurabi – wiederum aus dem Zweistromland, dem heutigen Irak –, einige sehr drastische Strafen gegen Bierpanscher geschildert werden wie auch z.B. aus der finnischen Volksdichtung Kalewala. Dort sind der Schaffung der Welt 200 Verse gewidmet, dem Bier aber 400!

DAS BRAUWESEN HÄLT EINZUG INS KLOSTER

Die Klöster, die in der zweiten Hälfte des ersten Jahrtausends nach Christus aufkamen, übernahmen recht bald auch die Aufgabe des Bierbrauens. Sie entwickelten neue Methoden und Rezepturen, führten den Hopfen als qualitätsgebende Zutat ein und bauten die ersten gewerblichen Brauereien. Ursprünglich war es Aufgabe der Frauen, in der Küche nicht nur zu kochen und backen, sondern auch zu brauen.
Zwar begannen auch die Bäcker, die ja ebenfalls mit den notwendigen Rohstoffen umzugehen hatten, Bier zu brauen und zu verkaufen bzw. auszuschenken, doch waren es die Mönche in den Wallfahrtsklöstern, die, wie berichtet, das Brauwesen systematisch ausbauten. Die älteste bekannte Darstellung eines Bierbrauers in Deutschland zeigt denn auch einen Mönch. Sie stammt aus dem Jahr 1379 und wurde in Nürnberg angefertigt.
Nach dem Motto: „Flüssiges bricht fasten nicht“ konnten die Mönche mit Hilfe von Bier auch Zeiten überstehen, in denen sie kaum etwas zu essen bekamen, aber trotzdem vom frühen Morgen bis in den Abend hinein schwere Arbeit zu leisten hatten. Entsprechend große Mengen Bier wurden ihnen zugestanden. Fünf Maß Bier – wobei man dieses Maß mit bis zu zwei Litern ansetzen kann – standen den Klosterbrüdern im bereits erwähnten Kloster von St. Gallen pro Tag zu. Große Mengen an Bier brauchten die Klöster auch für ihre Gäste, die sie innerhalb ihrer Mauern bewirteten und beherbergten.
Allerdings vertrug auch damals längst nicht jeder solche Mengen und deshalb mahnte der heilige Columban zu Mäßi-

GEROLLTER SCHWEINEBAUCH

Zutaten:

1,8 kg	*ausgelöster Schweinebauch*
	Pfeffer
1	*Schweinefilet*
150 g	*gekochter Schinken*
250 g	*Schweinehack*
250 g	*Champignons*
1	*kleine Zwiebel*
2	*Knoblauchzehen*
1/2 EL	*Butter*
2	*Scheiben Weißbrot oder Toast*
1	*Ei*
	Öl zum Bestreichen
1 TL	*Thymian*
	Salz, Pfeffer

Zubereitung:

Den Schweinebauch zurechtschneiden und mit Salz und Pfeffer einreiben, das Filet häuten, vom Fett befreien, ebenfalls würzen. Den Schinken klein würfeln und mit dem Hack mischen, pfeffern. Die Champignons putzen, Knoblauch und Zwiebel schälen und alles sehr fein hacken, mit dem Thymian mischen.

Die Butter in einer Pfanne schmelzen, das Gemüse darin andünsten. Schweinehack und Gemüse mischen, das zerkrümelte Weißbrot zugeben, mit Salz und Pfeffer würzen. Den Schweinebauch kräftig flachklopfen, mit dem Fleischteig bestreichen und das Filet in die Mitte legen, vorsichtig rollen und mit Küchengarn binden. Den Backofen auf 200 Grad vorheizen, das Fleisch mit der Naht nach oben auf den Rost legen und rundherum mit Öl bestreichen. Reichlich Wasser in die Fettpfanne gießen, wenn das Fleisch im Dampf gart, wird es schön zart und saftig. Erst zum Bräunen sollte das Wasser verdampft sein. Eine Stunde bei 200 Grad, eine weitere Stunde bei 160 Grad garen.

Bis ins Frühmittelalter Frauensache: das Bierbrauen

gung und Nüchternheit. Ein Erzbischof in England mußte allerdings ein wenig deutlicher werden: „Ist ein Priester so betrunken, daß er die Psalmen nur noch lallt, so soll er 12 Tage von Brot und Wasser leben", legte er fest. Weiter heißt es in dem Dokument in bewundernswerter Klarheit und Eindeutigkeit: „Ist ein Mönch so voll, daß er speit, soll er 30 Tage Buße tun. Ist ein Bischof so besoffen, daß er die Hostie kotzt, muß er 90 Tage Buße tun."

Klöster entwickelten sich vor allem aus drei Gründen zu wahren Brauerei-Experten: Weil sie an manchen Tagen nichts außer Bier zu sich nehmen durften, legten sie schon aus eigenem Interesse großen Wert auf eine gute Qualität. Und diese hängt ganz besonders von den Rohstoffen ab, die man verwendet. Da sie als gottesfürchtige Männer zu Wahrheit und Ehrlichkeit verpflichtet waren, verwendeten sie in der Regel nur gutes Getreide zum Brauen.

In den Klöstern konnten sich einzelne Mönche (und natürlich auch Nonnen) sehr intensiv und beinahe ausschließlich mit dem Brauen beschäftigen und sich durch genaues Beobachten sehr viel Fachwissen aneignen. Und schließlich lebten in den Konventen häufig auch wissenschaftlich begabte Äbte und Patres. Sie konnten größtenteils lesen und schreiben, oft sogar in mehreren Sprachen. So konnten sie z.B. auch die naturwissenschaftlichen Abhandlungen des römischen Schriftstellers Gaius Plinius über das Bierbrauen studieren und die gewonnenen Erkenntnisse in die Praxis umsetzen. Da die Klöster für die Mitglieder der Konvente und auch für ihre Gäste sehr große Mengen an Bier brauten, entwickelten die Brauer dort eine sehr große Routine und machten daher seltener Fehler,

durch die ein Sud ungenießbar wurde. All dies sicherte den Ruf der Klosterbrauereien, besonders reine, gute und nahrhafte Biere zu brauen.
Bis heute ist dieser Ruf ungebrochen, was manche weltliche Brauerei der Versuchung erliegen sein läßt, Etikettenschwindel im wahrsten Sinn des Wortes zu betreiben. Dagegen klagte das Kloster Andechs auch schon mit der Begründung, Klosterbrauerei dürfe sich nur ein Sudhaus nennen, das auch tatsächlich zu einem Kloster gehöre und von ihm betrieben werde. Die Käufer erwarteten sich eine besonders gute Qualität, wenn sie ein Bier kaufen, das aus einer Klosterbrauerei stamme. Dieser „bierernsten“ Argumentation konnten sich auch die Richter nicht verschließen und gaben dem Andechser Brauhaus recht.
Während die beklagte Brauerei ihr Bier mittlerweile umbenannt hat, drohen anderen Brauhäusern ähnliche Verfahren, falls sie nicht von sich aus auf den Begriff Kloster auf ihren Etiketten verzichten. Denn schließlich soll gleiches Recht für alle gelten und es gibt noch eine ganze Reihe anderer Brauereien, die unberechtigt den Begriff Kloster in ihren Namen führen.
Lediglich sechs Sudhäuser dürfen sich tatsächlich mit Fug und Recht Klosterbräu nennen. Neben Andechs sind dies die Brauereien von Ettal, Kreuzberg/Rhön und Stift Schlägl (im österreichischen Mühlviertel) sowie der Frauenklöster Mallersdorf und Ursberg.

KALBSHAXE AUS OBERBAYERN

Zutaten:

1	*hintere Kalbshaxe von etwa 2 kg*
1	*Gemüsezwiebel*
1/2	*Sellerieknolle*
1	*mittlere Petersilienwurzel*
250 g	*gelbe Rüben*
3 EL	*Öl*
500 g	*Kalbsknochen*
1 l	*Fleischbrühe*
1/4 l	*helles Bier*
	Salz
	Pfeffer

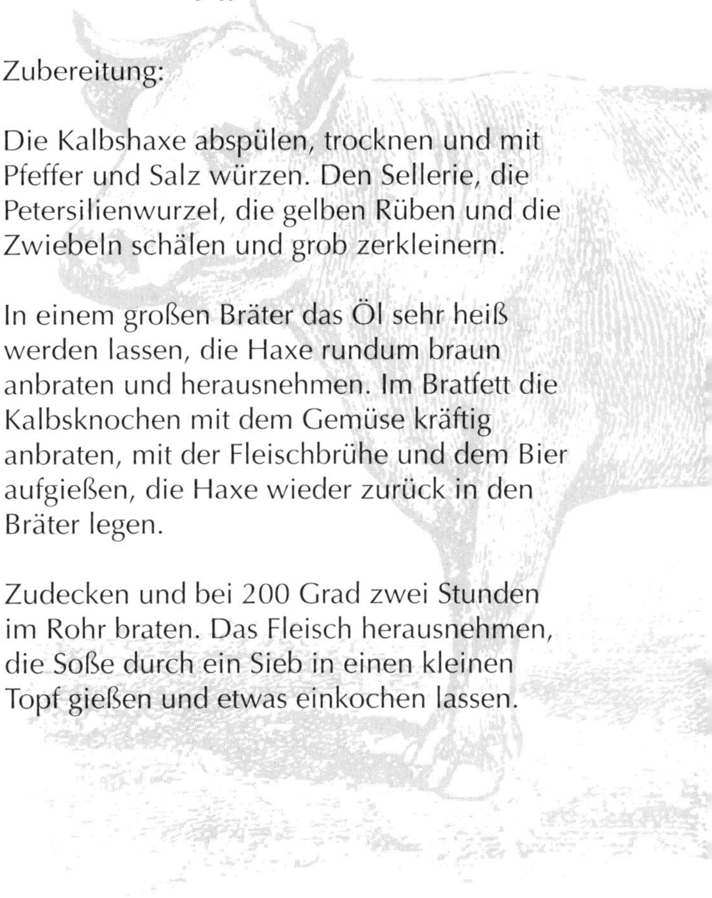

Zubereitung:

Die Kalbshaxe abspülen, trocknen und mit Pfeffer und Salz würzen. Den Sellerie, die Petersilienwurzel, die gelben Rüben und die Zwiebeln schälen und grob zerkleinern.

In einem großen Bräter das Öl sehr heiß werden lassen, die Haxe rundum braun anbraten und herausnehmen. Im Bratfett die Kalbsknochen mit dem Gemüse kräftig anbraten, mit der Fleischbrühe und dem Bier aufgießen, die Haxe wieder zurück in den Bräter legen.

Zudecken und bei 200 Grad zwei Stunden im Rohr braten. Das Fleisch herausnehmen, die Soße durch ein Sieb in einen kleinen Topf gießen und etwas einkochen lassen.

KRAUTWICKERL

Zutaten:

1	*kleiner Kopf Weißkohl*
1	*Gemüsezwiebel*
1	*altbackene Semmel*
300 g	*Schweinehackfleisch*
1	*Ei*
8	*Scheiben geräucherter Bauchspeck*
1	*Zwiebel*
2 EL	*Schweineschmalz*
500 g	*Sauerkraut*
2	*Äpfel*
1 TL	*Wacholderbeeren*
1	*Lorbeerblatt*
1 EL	*Tomatenmark*
1/8 l	*Sauerrahm*
1/8 l	*dunkles Bier*
	Paprika (edelsüß)
	gemahlener Kümmel
	Salz
	Pfeffer

Zubereitung:

Den Krautkopf in leicht gesalzenem Wasser 20 Minuten köcheln. Die Semmeln in Wasser einweichen. Die Zwiebel abziehen und hacken. Die Semmel gut ausdrücken, mit den Gewürzen und dem Ei zum Hackfleisch geben und gut durchmengen. Kräftig abschmekken.

Vom abgekühlten Krautkopf ein Dutzend Blätter lösen, die dicken Rippen ausschneiden, jeweils drei Blätter aufeinanderlegen. Die Fülle daraufstreichen, zusammenrollen, mit Speckscheiben umwickeln und mit Küchengarn binden.

DAS ALKOHOLISMUS-PROBLEM

Warum aber braut das Kloster Andechs heute noch Bier und verkauft es sowohl direkt – an Wallfahrer und Ausflügler in Bräustüberl, Biergarten oder dem an ein Ehepaar verpachteten Klostergasthof – als auch über den Handel in weitem Umkreis um den Heiligen Berg? Immerhin ist der jahrhundertelang gültige Status von Bier als bayerisches Grundnahrungsmittel im Urteil der heutigen Ernährungswissenschaftler und Ärzte längst heftig umstritten. Denn es enthält Alkohol, und der ist ein bekanntes Suchtgift. Die Berechnungen, welcher Schaden der Volkswirtschaft durch Alkohol entsteht, ergeben zwar unterschiedliche Zahlen, doch immer kommen enorm hohe Milliardenwerte heraus. Machen sich Mönche, wenn sie ihr Bier verkaufen, nicht schuldig an ihren möglicherweise alkoholkranken Gästen und Kunden?

Darauf haben die Benediktiner zwei Antworten bereit. Zum einen verweisen sie auf den heiligen Augustinus, der gesagt hat, der Sinn des Christenlebens bestehe darin, Gott zu genießen. Das Bier ist letztendlich eine Gabe Gottes, auch wenn der Mensch sie mit seiner Hände Arbeit geschaffen hat. Und was Gott uns gegeben hat, das dürfen wir zur rechten Zeit auch guten Gewissens genießen, denn damit erweisen wir seiner Gabe die rechte Ehre. Alkohol ist auch ein Produkt der menschlichen Kultur, das bei allen Völkern bekannt ist und auch in der Heiligen Schrift seinen Platz hat. Jesus reichte Wein als festliches Getränk und beim Letzten Abendmahl. Damit wurde ein alkoholisches Getränk zu einem Glaubenssymbol: Als „Blut Christi“ wird es in der Eucharistiefeier getrunken.

Man sollte also den Alkohol nicht verteufeln, wenngleich er seine Gefahren hat. Für den rechten Gebrauch - und das ist die zweite Antwort - kommt es auf den Begriff Genießen an. Genießen kann nur, wer nüchtern bleibt, wer Übermaß und Unmaß vermeidet. Umgekehrt: Wem das Bier gleich als „Einstiegsdroge" gilt, der sieht es in einem sehr verengten und verzerrendem Blickwinkel. Durch den rechten Genuß von Bier wird man sicher nicht zum Alkoholiker. Wer aber bereits süchtig ist, kann Bier nicht genießen, weil er unter dem Zwang steht, Alkohol zu bekommen. Für diese Menschen ist Bier Gift und kein Genußmittel mehr. Denn wer genießt, dem kann es auch Freude machen, aus freien Stücken zu verzichten. Und nur in diesem Sinn kann auch das bewußte Trinken oder Nicht-Trinken von Bier echte Dankbarkeit gegenüber Gott für seine Gaben bedeuten.
Trotzdem sieht der Andechser Konvent das Alkoholproblem durchaus realistisch. Um die Versuchung nicht zu groß werden zu lassen, schließt das Bräustüberl im Sommerhalbjahr bereits um 20.45 Uhr und der besonders starke Doppelbock, dessen 18 Prozent Stammwürze ihm immerhin runde sechs Prozent Alkohol verleihen, wird seit einigen Jahren an den Wochenenden nicht mehr ausgeschenkt. Denn die Erfahrung früherer Jahre hat gezeigt, daß nicht jeder Gast in der Lage ist, mit Alkohol richtig und verantwortungsbewußt umzugehen. Beide Entscheidungen wurden unter den Mönchen durchaus kontrovers diskutiert, denn sie kosten mit Sicherheit bares Geld, das dem Konvent entgeht, weil er die Chance zu mehr Umsatz bewußt nicht nutzt: Nur wer bewußt verzichtet, kann wirklich genießen.

Die Zwiebel abziehen und fein hacken, das Schweineschmalz erhitzen, die Zwiebel andünsten, Wacholderbeeren und Lorbeerblatt dazugeben, den Apfel schälen, achteln und in dünne Scheiben schneiden, mitbraten. Das Sauerkraut locker zupfen, in den Topf geben, Tomatenmark dazu und gut durchrühren.

Ein Drittel vom Kraut herausnehmen, die Rouladen einlegen, das Kraut wieder drüber decken.

Im vorgeheizten Rohr bei 200 Grad etwa 30 Minuten schmoren. Den Sauerrahm mit dem Paprikapulver und dem Bier verrühren, über das Kraut gießen.

GRÜNKOHL, WIE ERNA IHN KOCHT

Zutaten:

1 1/2 kg	*Grünkohl*
750 g	*Kartoffeln*
	Zwiebeln
100 g	*Schweineschmalz*
1/4 l	*helles Bier*
400 g	*geräucherter Bauchspeck*
4	*geräucherte Mettwürstel (Mettenden oder Pfefferbeißer)*
1/2 TL	*frisch gemahlener, weißer Pfeffer*
	Nelken
	Salz

Zubereitung:

Den Grünkohl waschen, die Blätter von den Stielen streifen und in einem großen Topf in Salzwasser fünf Minuten blanchieren. Auf einem Durchschlag abtropfen lassen und fein hacken. Die Erdäpfel waschen, schälen und würfeln.

Die Zwiebeln abziehen und hacken, das Schmalz in einem Topf erhitzen und die Zwiebelwürfel glasig werden lassen. Kohl und Kartoffeln zugeben. Speck in Streifen schneiden, mit den Gewürzen in den Topf geben. Bier angießen, salzen, pfeffern und den Deckel auflegen.

Bei schwacher Hitze anderthalb Stunden köcheln, nach einer Stunde die leicht eingestochenen Mettwürstel hinzugeben. Zwischendurch umrühren, eventuell etwas Bier nachgießen. Vor dem Servieren mit geriebener Muskatnuß abschmecken.

BRAUEN ALS KULTURGUT DER BAYERN UND BENEDIKTINER

Dankbar und zufrieden sind die Andechser, daß es ihnen beim Neubeginn nach der Säkularisierung vergönnt war, die Brauerei wieder in Betrieb zu nehmen. Denn das war keineswegs die Regel bei den Neustiftungen des 19. Jahrhunderts. Die Sudhäuser der alten Konvente waren zerstört, hoffnungslos veraltet oder verpachtet. Letzteres traf zwar auch für die Andechser Brauerei zu, doch investierte Ludwig I. zusätzlich zum Kauf der Klosteranlage nochmals weit mehr als 10 000 Gulden, um die Pachtverträge für Brauerei und Landwirtschaft abzulösen.
Das Brauen gehört zur Kultur und Lebensart der Bayern und damit auch der bayerischen Benediktiner. Denn sie leben ganz bewußt in der Welt mit ihren Menschen und nicht abgekapselt von ihnen. Aus diesem Grund braut man in Andechs auch „richtiges" Bier, darunter den bekannten dunklen Bergbock, das Export Dunkel, das Spezial Hell sowie seit dem Jahr 1993 auch Weißbier, für das ein Teil des Malzes aus Weizen gewonnen wird. Alkoholfreies Bier sucht man dagegen vergebens im Angebot der Andechser Klosterbrauerei.

Sehr bewußt leben die Mönche entsprechend der benediktinischen Regel das Kirchenjahr, das bewußt Phasen des Verzichtes in die Zeit vor den großen Festen legt.

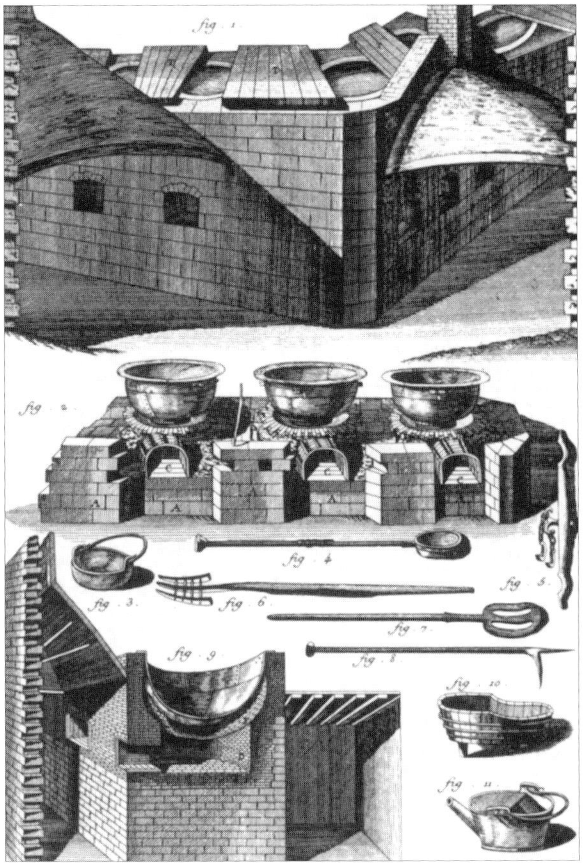

Ein Sudhaus in allen Einzelheiten: das Sudhaus mit Blick auf die Kessel und „Fenstern" zum Feuern (Fig. 1); drei Sudpfannen mit Feuerloch (Fig. 2); eine Schöpfkelle (Fig. 4) und ein Schöpfkessel fürs Bier (Fig. 3) sowie weitere Geräte (Fig. 5 – 8, 10 – 11); der Längsschnitt zeigt Kessel und Heizanlage (Fig. 9).
(Aus „Diderots Enzyklopädie", 1772)

Das Fasten als traditionelle Vorbereitung auf Ostern und Weihnachten steigert die Erwartung und Vorfreude, macht aber vor allem frei, den tieferen Sinn der Höhepunkte des kirchlichen Jahres in der Fastenzeit und im Advent mit allen Sinnen zu erschließen.

TATARENRÖLLCHEN

Zutaten:

4	*Schweineschnitzel aus der Oberschale*
2 TL	*Dijon-Senf*
1	*Gemüsezwiebel*
1	*Bund Schnittlauch*
1 EL	*Kapern*
200 g	*Tatar*
40 g	*Butterschmalz*
50 g	*geräucherter Bauchspeck*
2	*Zwiebeln*
1/8 l	*Fleischbrühe*
1/8 l	*Pils*
1/8 l	*Rahm*
2 EL	*Crème fraîche*
	Paprika (edelsüß)
	Salz, Pfeffer

Zubereitung:

Die Schnitzel klopfen, mit dem Senf bestreichen, salzen und pfeffern. Die Zwiebel abziehen und sehr fein hacken. Schnittlauch in Röllchen schneiden, die Kapern hacken.

Zwiebelwürfel, Kapern und Schnittlauch zum Tatar geben, salzen, pfeffern und mit Paprika (edelsüß) abschmecken. Die Masse auf die Schnitzel streichen, aufrollen und mit Rouladenklammern oder Küchengarn befestigen.

In einem Schmortopf das Fett erhitzen, die Speckwürfel auslassen und darin die Rouladen kräftig anbraten. Wenn sie schön braun sind, die Zwiebeln mitrösten, mit der Fleischbrühe und dem Bier aufgießen. Den Deckel auflegen und eine Stunde sanft schmurgeln. Die Soße mit Rahm und Crème fraîche binden.

SAUERKRAUT IM SCHWEINEBAUCH

Zutaten:

4	*Scheiben Schweinebauch*
4 TL	*mittelscharfer Senf*
2 EL	*Schweineschmalz*
1	*Zwiebel*
200 g	*Sauerkraut*
1 EL	*Öl*
1/4 l	*Fleischbrühe*
1/8 l	*helles Bier*
1/8 l	*Rahm*
1 TL	*Speisestärke*
1/2 TL	*Paprika (edelsüß)*
	weißer Pfeffer
	Salz

Zubereitung:

Die Schweinebauchscheiben vorsichtig klopfen, mit Senf bestreichen, salzen und pfeffern.

Das Schmalz in einer Pfanne erhitzen, die Zwiebel abziehen und fein hacken, mit dem auseinandergezupften Sauerkraut in die Pfanne geben und alles fünf Minuten dünsten.

Das Kraut auf die Fleischscheiben verteilen, wie Rouladen aufrollen und mit Küchengarn binden oder mit Rouladennadeln feststecken.

In einem Schmortopf das Öl erhitzen, die Rouladen scharf anbraten, mit Fleischbrühe und Bier aufgießen, den Deckel auflegen und 40 Minuten schmoren.

Die Speisestärke mit dem Rahm verrühren und die Soße damit binden. Mit Salz, Pfeffer und Paprika abschmecken.

BIER IST NICHT GLEICH BIER

Zu dieser Erkenntnis kommen Feinschmecker und Bierfreunde aus aller Welt gleichermaßen. Manch ein Gourmet kann unterschiedliche Biersorten am Geschmack erkennen – ja, es gibt sogar Bierkenner, die behaupten, sie könnten selbst die unterschiedlichen Brauorte ein und derselben Biersorte erschmecken!
Welches Bier nun aber das beste sei, war schon Anlaß für viele Streitgespräche. Der eine schwört auf diese Sorte, dem anderen schmeckt jenes Bier am besten. Von dem subjektiven Kriterium des Geschmacks und der damit verbundenen Einteilung in „gute“ und „schlechte“ Biere einmal abgesehen, gibt es jedoch auch noch andere Möglichkeiten, das Bier zu klassifizieren.

EINTEILUNG NACH DEM GEHALT AN STAMMWÜRZE

Diese Art der Einteilung von Bieren wird vom Finanzamt vorgenommen, denn dieses erhebt danach seine Biersteuer. Je nach seinem Gehalt an Stammwürze wird ein Bier einer von vier Steuerklassen zugerechnet. Wie der Alkoholgehalt wird auch die Stammwürze durch eine Prozentangabe ausgedrückt, was schon manch einen Laien in tiefe Verwirrung gestürzt hat. So entspricht zum Beispiel ein Gehalt an Stammwürze von 14 Prozent lediglich einem Alkoholgehalt von etwa 4,5 Prozent, man hat es hier also keineswegs mit etwas Hochprozentigem zu tun!

Was bedeutet nun aber der Gehalt an Stammwürze? Ein Gehalt an Stammwürze von 14 Prozent heißt nichts anderes als daß in 1 000 Gramm Bierwürze (etwa ein Liter) vor der Gärung 140 Gramm „Extrakt“ (Malzzucker, Eiweiß, Mineralien, Vitamine, Aromastoffe) enthalten waren. Je nach Art des Bieres schwankt dieser Gehalt an Stammwürze zwischen zwei und 28 Prozent. Übrigens: Wer mit Begriffen wie „Gärung“ und „Bierwürze“ nichts anfangen kann, findet im folgenden Kapitel den Brauvorgang erklärt.

Anhand dieses Wertes teilt man nun die Biere in vier Klassen ein:

Einfachbiere:
2 - 5,5 Prozent Stammwürzegehalt

Schankbiere:
7 - 8 Prozent Stammwürzegehalt

Vollbiere:
11 - 14 Prozent Stammwürzegehalt

Starkbiere:
16 - 28 Prozent Stammwürzegehalt.

Dabei machen die Vollbiere die größte Gruppe aus, mehr als 90 Prozent der in Deutschland hergestellten Biere fallen in diese Kategorie.

Was hat es nun aber mit dem Alkoholgehalt auf sich? Der Alkoholgehalt liegt immer unterhalb des Gehalts an Stammwürze, und zwar aus folgendem Grund: Nur ein Teil des Malzzuckers im Extrakt der Stammwürze wandelt sich bei der Gärung in Alkohol um, andere Teile spalten sich als Kohlensäure ab oder bleiben als Zucker erhalten. Als Faustregel beim Brauen gilt deshalb: der Alkoholgehalt eines Bieres beträgt etwa ein Drittel des

KRUSTENBRATEN

Zutaten:

2 kg	*Schweineschulter mit Schwarte*
2 EL	*Schweineschmalz*
1	*Knoblauchzehe*
1 EL	*Butter*
1/2 l	*dunkles Bier*
1 TL	*Kümmel*
	Salz
	Pfeffer

Zubereitung:

Den Backofen auf 220 Grad vorheizen. Die Schwarte mit einem sehr scharfen Messer gitterförmig einschneiden. Das Fleisch mit Salz und Pfeffer einreiben.

In der Fettpfanne das Schweineschmalz heiß werden lassen, das Fleisch mit der Schwarte nach unten hineinlegen, ein Viertelliter heißes Wasser zugießen und 15 Minuten braten lassen. Dann den Braten umdrehen, die Temperatur auf 180 Grad reduzieren, unter gelegentlichem Begießen mit wenig Wasser zwei Stunden garen.

Inzwischen die Butter weich werden lassen, den Knoblauch abziehen und in die Butter pressen, den Kümmel dazurühren. Etwa dreißig Minuten vor Ende der Garzeit die Kruste mit der Würzbutter bestreichen.

Während der letzten halben Stunde auf Oberhitze schalten und die Kruste mehrmals mit dem Bier übergießen.

Fleisch

BIERHAXE

Zutaten:

1	*große, hintere Schweinshaxe*
10	*Pfefferkörner*
1/4 l	*Export-Bier*
3	*Zwiebeln*
2 EL	*Schweineschmalz*
1	*große Dose Sauerkraut*
	Zucker
1 EL	*Kümmel*
2	*Lorbeerblätter*
5	*Wacholderbeeren*
	Salz
	Pfeffer

Zubereitung:

In einem großen Topf genügend Wasser zum Kochen bringen, die Haxe soll bedeckt sein, fünf Pfefferkörner und Salz dazugeben und das Fleisch darin 45 Minuten kochen. Herausnehmen, abkühlen lassen.

Die Schwarte kreuzweise einschneiden, mit Bier bepinseln und mit Kümmel bestreuen. Im vorgeheizten Ofen bei 220 Grad unter häufigem Begießen mit Bier fertig braten.

Die Zwiebeln abziehen, in Ringe schneiden, im Schmalz andünsten. Wacholderbeeren, Lorbeerblätter, restliche Pfefferkörner, restlichen Kümmel und Salz zufügen, das Sauerkraut zerpflücken und mit andünsten, etwas Bier angießen und bei kleiner Flamme garen.

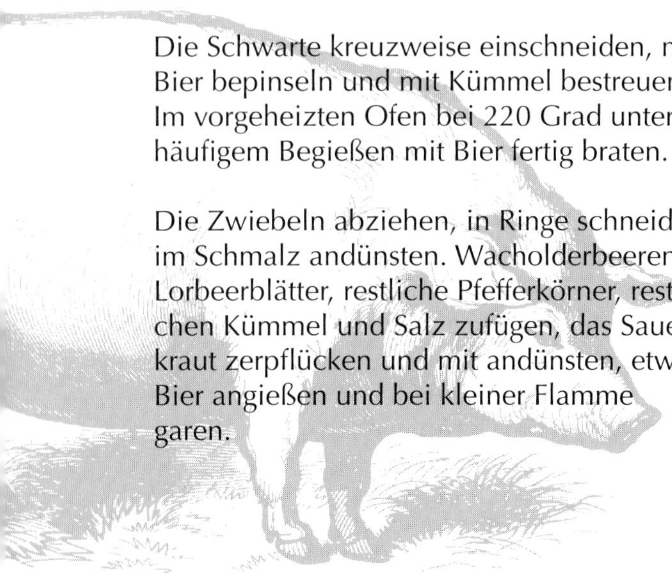

Stammwürzegehalts vor der Gärung. So ergeben sich für die vier Bierklassen folgende Alkoholgehaltswerte:

Einfachbiere:
0,5 - 1,5 Prozent Alkoholgehalt

Schankbiere:
0,5 - 2,6 Prozent Alkoholgehalt

Vollbiere:
3 - 4,5 Prozent Alkoholgehalt

Starkbiere:
5 - 10 Prozent Alkoholgehalt.

EINTEILUNG IN OBERGÄRIGE UND UNTERGÄRIGE BIERE

Diese Unterscheidung sagt etwas mehr über den Geschmack des jeweiligen Bieres aus als die nüchternen Zahlenangaben des Finanzamtes. So schmecken untergärige Biere in der Regel milder als obergärige; sie stellen heute den überwiegenden Teil der Bierproduktion dar.
Was bedeutet obergärig und untergärig überhaupt? Genaugenommen ist es nicht das Bier, das ober- bzw. untergärig ist, sondern die zum Brauen verwendete Hefe. So bildet die obergärige Hefe zusammenhängende Kolonien, die auf dem Sud schwimmen und nach dem Brauvorgang abgeschöpft werden können. Untergärige Hefe setzt sich dagegen am Boden des Kessels ab. Für unsere Vorfahren war der Unterschied zwischen diesen Hefearten noch wesentlich bedeutsamer als für uns. Untergärige Hefe braucht nämlich Temperaturen zwischen vier und neun Grad zum Arbeiten, obergärige Hefe fühlt sich dagegen bei Temperaturen zwischen 15 und 20 Grad am wohlsten. So richtete sich

früher die Frage, welches Bier gebraut wird, nach der Jahreszeit, untergäriges Bier konnte nur im Winter gebraut werden. Dafür läßt es sich auch länger lagern, ein Vorteil, der schon früh erkannt wurde. In Bayern und Baden-Württemberg mit ihren strengen Wintern wurde schon seit dem 16. Jahrhundert fast nur untergärig gebraut. Als dann vor etwa hundert Jahren Kühlmaschinen erfunden wurden, dehnte sich dieser Trend auch auf andere Regionen aus.

DIE VERSCHIEDENEN BIERSORTEN

Kommen wir nun also zu den verschiedenen Biersorten. Trinkt man Altbier am besten alt? Woher hat das Märzen seinen Namen? Wohin wird Exportbier exportiert? Die folgende Sortenkunde beseitigt hoffentlich solche Fragen und Trugschlüsse.

Das Einfachbier

Einfachbier spielt auf dem Biermarkt so gut wie keine Rolle, sein Marktanteil beträgt lediglich den Bruchteil eines Prozentes. Echte Feinschmecker und Bierkenner würden dieses Gebräu gar nicht mehr als richtiges Bier betrachten. Sein geringer Stammwürzegehalt von 2 bis 5,5 Prozent raubt ihm jeglichen individuellen Charakter und jedes Aroma. Auch der Alkoholgehalt ist mit 0,5 bis 1,5 Prozent sehr niedrig angesetzt. Abfällig wird es deshalb auch „Dünnbier", „Schmalbier" oder „Kleinbier" genannt. Wem der Sinn danach steht, der kann Einfachbier als Helles oder Dunkles bekommen.

SAUERKRAUTAUFLAUF

Zutaten:

4 EL	*Öl*
3	*große Zwiebeln*
1	*große Dose Sauerkraut*
2 EL	*Tomatenmark*
	Kümmel
1/4 l	*helles Bier*
1 EL	*Öl*
500 g	*Schweineschulter*
500 g	*Kartoffeln*
6-8	*Gewürzgurken*
50 g	*Semmelbrösel*
50 g	*Butter*
5	*Wacholderbeeren*
1	*Lorbeerblatt*
	Rosenpaprika
	Salz
	Pfeffer

Zubereitung:

Die Zwiebeln abziehen, fein hacken und im Öl glasig werden lassen. Das Sauerkraut auseinanderzupfen, mit Wacholderbeeren, Lorbeerblatt, Kümmel, Paprika und dem Tomatenmark in den Topf geben und andünsten. Mit dem Bier aufgießen, mit Salz und Pfeffer würzen und 20 Minuten dünsten.

Das Fleisch in Würfel schneiden, die Kartoffeln kochen, schälen und ebenfalls würfeln.

Fleischwürfel in heißem Öl anbraten. Eine feuerfeste Form ausfetten, Fleisch, Erdäpfel und Sauerkraut einschichten, die kleingehackten Gewürzgurken und die Semmelbrösel darüberstreuen, mit Butterflöckchen belegen und bei 200 Grad 30 Minuten im Ofen backen.

Geflügel

BIERHUHN

Zutaten:

1	*frisches Huhn*
50 g	*fetter Speck*
1	*Zwiebel*
1/4 l	*helles Bier*
2 EL	*feingehackte Petersilie*
1	*Tasse Champignons*
	etwas Mehl
1 Prise	*Majoran*
	Salz
	Pfeffer

Zubereitung:

Das Huhn in vier Teile zerlegen, den Speck würfeln, auslassen und mit der geschnittenen Zwiebel schön braun braten. Die Hühnerteile einlegen, bräunen. Mit Mehl bestäuben, mit dem Bier ablöschen. Champignons, Petersilie und Gewürze zugeben, den Deckel auflegen und eine Dreiviertelstunde schmoren lassen.

Die Schankbiere

Auch Schankbiere spielen mit einem Marktanteil von weniger als einem Prozent nur eine Nebenrolle auf dem Biermarkt. Allerdings dürfte diese Rolle mit dem Senken der Promille-Grenze auf 0,5 Promille im Mai 1998 zunehmend wichtiger werden, stellen Schankbiere doch eine Alternative für Autofahrer dar, die nicht ganz auf den Gerstensaft verzichten wollen. Um das Unfallrisiko nach Alkoholgenuß zu verringern, stellen viele Brauereien inzwischen alkoholfreies und alkoholarmes Bier her, das zwar geschmacklich nicht an seine großen Brüder heranreichen kann, aber dafür zu mehr Sicherheit im Straßenverkehr beiträgt.

Alkoholfreies Bier

Bierkenner mögen der Überzeugung sein, die Bezeichnung „alkoholfreies Bier“ sei ein Widerspruch per se, scheinen doch Bier und Alkohol geradezu untrennbar miteinander verbunden zu sein. Recht haben sie, denn nur in den seltensten Fällen ist alkoholfreies Bier wirklich völlig frei von Alkohol, ein geringer Restgehalt bleibt fast immer erhalten. Dieser darf jedoch nicht mehr als 0,5 Prozent betragen. Dabei wird das untergärige helle Bier zunächst auf normale Weise gebraut, erst nachträglich wird ihm der Alkohol auf künstliche Weise entzogen. So gesehen ist das alkoholfreie Bier durchaus ein richtiges Bier, da es alle wesentlichen Zutaten aufweist – ihm fehlt eben nur der Alkohol!

Alkoholarmes Bier

Auch dem alkoholarmen Bier wird der Alkohol erst im Nachhinein entzogen,

sein Gehalt beläuft sich schließlich auf weniger als 1,5 Prozent. Der Stammwürzegehalt dieses untergärigen Bieres beträgt - wie beim alkoholfreien Bier auch - etwa 7,5 Prozent.

Berliner Weiße

Wie die anderen Weißbiere ist auch die Berliner Weiße ein obergäriges Bier, jedoch zählt sie nicht zu den Vollbieren, sondern ist ein Schankbier. Ja, sie ist sogar das einzige Schankbier, das in der deutschen Bierlandschaft überhaupt eine Rolle spielt. Schon seit dem 16. Jahrhundert wird diese Biersorte in Berlin getrunken, ihre genauen Ursprünge liegen jedoch im Dunkeln.

GÄNSEKEULEN

Zutaten:

2	*Gänsekeulen*
1	*Knoblauchzehe*
1 EL	*Gänseschmalz*
1/8 l	*Fleischbrühe*
1/8 l	*helles Bier*
1 TL	*Zitronensaft*
200 g	*gelbe Rüben*
400 g	*Staudensellerie*
	Salz
	Pfeffer

Zubereitung:

Die Keulen waschen und trocknen, den Knoblauch schälen und in Stifte schneiden, die Keulen damit spicken. Mit Salz und Pfeffer einreiben, das Fett erhitzen und die Keulen kräftig anbraten. Mit der Fleischbrühe und dem Bier aufgießen, den Deckel auflegen, bei milder Hitze schmoren.

Inzwischen die gelben Rüben schaben, die harten Fäden der Selleriestangen entfernen und beides in Scheiben von etwa einem halben Zentimeter schneiden. Nach 30 Minuten die Gemüse zu den Keulen in den Topf geben, den Zitronensaft über das Fleisch gießen, salzen, pfeffern und 20 Minuten weiterschmoren.

Geflügel

BIERENTE NACH BÖHMISCHER ART

Zutaten:

1	*ganze Ente (etwa 2 kg)*
50 g	*Butter*
2	*Zwiebeln*
1	*Apfel*
1/2 l	*helles Bier*
2	*Nelken*
150 g	*frische Champignons*
3 EL	*Rahm*
1 EL	*Mehl*
1 TL	*Kümmel*
	Salz
	Pfeffer

Zubereitung:

Die Ente mit Pfeffer, Salz und Kümmel einreiben. Eine Kasserolle mit Butter einfetten und die Ente hineingeben. Apfel und Zwiebeln schälen, vierteln und zusammen mit den Nelken in die Kasserolle geben. Bier darüber gießen und Ente bei 180 Grad etwa zwei Stunden und 15 Minuten garen lassen.

Champignons dünsten und mit Rahm und Mehl zum Bratensaft geben. Das Ganze noch einmal kurz aufkochen lassen.

Traditionell wird die Bierente mit Kartoffelknödeln und Rotkraut serviert.

Allerdings ist ihr Anteil an Weizenmalz geringer als beim normalen Weißbier, er beträgt nur etwa ein Viertel des Malzes, die anderen drei Viertel sind auch hier Gerstenmalz. Der Stammwürzegehalt der Berliner Weiße beläuft sich auf 7 bis 8 Prozent, ihr Alkoholgehalt liegt bei etwa 2,8 Prozent. Sie ist leicht hefetrüb und schmeckt schwach hopfenbitter. Ihr hoher Gehalt an Kohlensäure macht sie zu einem spritzigen und erfrischenden Getränk. Eine besondere Zutat sorgt dafür, daß die dunkelgelbe Berliner Weiße ihren spezifischen leicht säuerlichen Geschmack erhält: Dem Bier werden während der Gärung Milchsäurebakterien zugegeben.
Eine bekannte Variante ist die „Berliner Weiße mit Schuß", die besonders im Sommer ein beliebter Durstlöscher ist. Hier wird dem Bier eine Portion Himbeersirup, im Mai auch Waldmeisteressenz beigemengt. So ist die Berliner Weiße auch in den abenteuerlichen Farben rot und grün zu haben.

Malzbier

Im Gegensatz zu den Malzbieren mit Zukkerzusatz, die zu den Vollbieren gehören, darf bei den Malzbieren in Bayern und Baden-Württemberg die Stammwürze nur aus Braumalz bestehen. Entsprechend niedriger ist also auch der Stammwürzegehalt (etwa 7 Prozent) und demnach der Alkoholgehalt (0,5 bis 1,5 Prozent) des obergärigen Bieres. Das vollmundige dunkle Malzbier schmeckt malzaromatisch und süß, wird größtenteils als Bier aber nicht ernst genommen.

Die Vollbiere

Wie wir schon gehört haben, machen Vollbiere über 90 Prozent der deutschen Bierproduktion aus. Hitzige Streitereien sind schon darüber entbrannt, ob nun die bayerischen oder die norddeutschen Vollbiere stärker sind, die Meinung hängt dabei ganz vom Standpunkt bzw. Herkunftsort der Streithähne ab. Dabei haben wir ja gerade gesehen: Alle Vollbiere haben einen Stammwürzegehalt von 11 bis 14 Prozent und einen Alkoholgehalt von 3 bis 4,5 Prozent. Die Diskussionen sind somit hinfällig, alle Vollbiere sind nämlich in etwa gleich stark!

Altbier

Das „Alt" im Altbier bedeutet nicht etwa, daß dieses Bier besonders alt ist oder besonders lange in den Kellergewölben der Brauerei gelagert wurde, sondern bezeichnet die Brauweise: das dunkle Bier wird nach alter Brautradition hergestellt – nämlich obergärig. Dabei hat es einen Stammwürzegehalt von 11 bis 12 Prozent, sein Alkoholgehalt beträgt 3,5 bis 3,9 Prozent. Sein Geschmack reicht je nach Rezept von hopfig-bitter bis malzig-süß, ein Wort beschreibt es jedoch trefflich: aromatisch ist das dunkel bernsteinfarbene Altbier auf jeden Fall. Besonders populär ist es in Nordrhein-Westfalen und lange Zeit war es auch nur dort zu haben. Inzwischen ist es – in Flaschen zwar – auch ins restliche Deutschland vorgedrungen. Gebraut wird es aber nach wie vor nur am Niederrhein und in Münster, wobei Bierkenner natürlich den Unterschied zwischen dem münsterischen und dem rheinischen Altbier herausschmekken können.

GESCHNETZELTES PUTENFILET

Zutaten:

600 g	*Putenbrustfleisch*
1 EL	*Butter*
1	*Zwiebel*
200 g	*Champignons*
1/8 l	*helles Bier*
1/4 l	*Rahm*
1 TL	*Rosenpaprika*
	Salz
	Pfeffer

Zubereitung:

Das Fleisch in Streifen schneiden, die Zwiebel schälen und klein hacken. Die Butter in einer Pfanne mit hohem Rand schmelzen, das Fleisch rasch anbraten, aus der Pfanne in eine Schüssel geben und beiseite stellen.

Die Zwiebel und die in Scheiben geschnittenen Champignons im Bratfett weich braten, mit Pfeffer und Salz würzen, mit Paprika bestäuben und mit dem Bier und dem Rahm ablöschen.

Das Fleisch wieder zugeben, alles zusammen erwärmen.

Fisch

GRÜNE HERINGE IN WEIZENBIER

Zutaten:

4	*frische Heringe*
1/4 l	*helles Weizenbier*
1	*Gemüsezwiebel*
2	*Lorbeerblätter (frische sind am besten)*
4	*Pimentkörner*
1 Prise	*gemahlene Nelke*
1 Prise	*Zucker*
	Salz
	Pfeffer

Zubereitung:

Die Heringe gründlich waschen, Kopf und Schwanz entfernen, mit Küchenkrepp trocknen und mit Salz und Pfeffer einreiben. Die Gemüsezwiebel abziehen und in sehr feine Scheiben schneiden.

Eine feuerfeste Deckelform mit den Zwiebelscheiben auslegen und darauf die Fische legen. Alle Gewürze darübergeben, mit dem Weizenbier aufgießen, die Fische sollen ganz bedeckt sein. Zudecken und im Ofen bei 170 Grad 30 bis 40 Minuten garen.

Die Heringe im Sud erkalten lassen.

Diätbier

Bier ist zwar – in Maßen genossen – durchaus gesund, wie das Kapitel „Bier hilft heilen" noch zeigen wird, doch können die darin enthaltenen Kohlenhydrate für eine Gruppe von Menschen gefährlich werden. Gemeint sind natürlich Diabetiker. Damit auch sie nicht auf den Genuß des geliebten Gerstensaftes verzichten müssen, wird für sie eine spezielle Biersorte gebraut: das Diätbier, wegen seines Pils-Charakters häufig auch „Diätpils" genannt. Bei der Produktion dieser Biere wird der Gärprozeß so abgewandelt, daß die Kohlenhydrate möglichst vollständig vergären, denn laut Vorschriften darf der

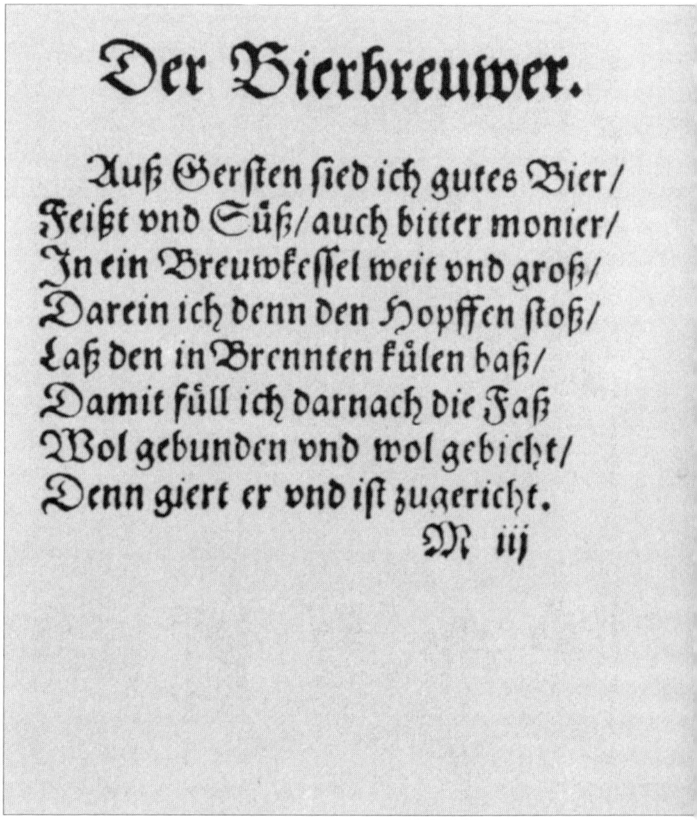
Der Bierbreuwer.

Auß Gersten sied ich gutes Bier/
Feißt vnd Süß/auch bitter monier/
In ein Breuwkessel weit vnd groß/
Darein ich denn den Hopffen stoß/
Laß den in Brennten külen baß/
Damit füll ich darnach die Faß
Wol gebunden vnd wol gebicht/
Denn giert er vnd ist zugericht.
M iij

Kohlehydrat-Anteil dieser Biersorte nicht mehr als 0,75 Prozent betragen. Zum Vergleich: Bei anderen Vollbieren beläuft sich dieser auf drei Prozent und mehr. Durch dieses Verfahren wird das Bier zwar kalorienarm, dafür jedoch sehr alkoholhaltig, da der Malzzucker fast ganz in Alkohol und Kohlensäure vergärt. Deshalb liegt der Alkoholgehalt der Diätbiere häufig bei bis zu 4,8 Prozent. Mittlerweile hat man aber Methoden gefunden, um dem Bier den Alkohol wieder zu entziehen, es gibt nun auch Diätbiere mit etwa 3,7 Prozent Alkoholgehalt. Der betont hopfenbittere Geschmack des hellen untergärigen Bieres läßt das Diätbier keineswegs hinter „normalen" Bieren zurückstehen. Wer

BUNTER FISCHTOPF

Zutaten:

2	*Zwiebeln*
2	*Stangen Staudensellerie*
1	*grüne Paprikaschote*
1	*rote Paprikaschote*
1	*gelbe Paprikaschote*
2 EL	*Butter*
1/4 l	*helles Bier*
800 g	*Seelachsfilet*
1/4 l	*Fischfond aus dem Glas*
1 Bund	*glatte Petersilie*
1 TL	*Paprika (edelsüß)*
1 Prise	*Zucker*
	Salz
	Pfeffer

Zubereitung:

Beim Staudensellerie die Fäden abziehen, die Stangen in Scheiben von etwa einem halben Zentimeter schneiden. Die Paprikaschoten waschen, entkernen und in Streifen schneiden, die Zwiebeln abziehen und würfeln.

Die Butter zerlassen, die Zwiebel anschwitzen, die Gemüse mit andünsten, das Bier zugießen und alles zehn Minuten köcheln.

Inzwischen den Fisch in Würfel schneiden, auf das Gemüse legen, mit Salz, Pfeffer, Paprikapulver und Zucker würzen, den Fischfond angießen und zugedeckt bei schwacher Hitze in zehn Minuten gar ziehen lassen.

Die Petersilie hacken, das Gericht damit bestreuen.

Fisch

FISCHSUPPE MARGARETE

Zutaten:

200 g	*Rotbarschfilet*
200 g	*Kabeljaufilet*
200 g	*Heilbutt*
200 g	*frischer Aal*
1	*Zitrone*
1	*Zwiebel*
1	*gelbe Rübe*
1	*Petersilienwurzel*
1	*Stück Sellerieknolle*
1	*Stange Lauch*
2 EL	*Butter*
1/4 l	*Gemüsebrühe oder Fischfond*
125 g	*frische Champignons*
1/2 l	*helles Bier*
1	*Bund Dill*
	Salz
	weißer Pfeffer, frisch gemahlen

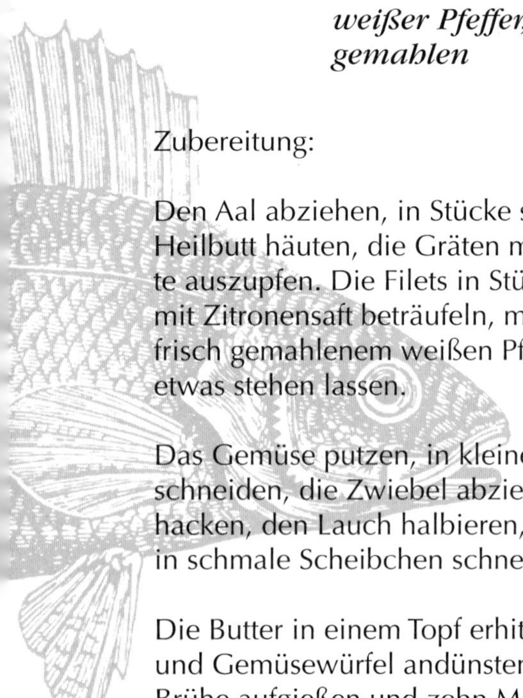

Zubereitung:

Den Aal abziehen, in Stücke schneiden, den Heilbutt häuten, die Gräten mit einer Pinzette auszupfen. Die Filets in Stücke schneiden, mit Zitronensaft beträufeln, mit Salz und frisch gemahlenem weißen Pfeffer würzen, etwas stehen lassen.

Das Gemüse putzen, in kleine Würfel schneiden, die Zwiebel abziehen und hacken, den Lauch halbieren, waschen und in schmale Scheibchen schneiden.

Die Butter in einem Topf erhitzen, Zwiebel- und Gemüsewürfel andünsten, mit der Brühe aufgießen und zehn Minuten durch-

jedoch meint, mit Hilfe von Diätbier abnehmen zu können, sei gewarnt: Auch wenn es weniger Kalorien hat, regt es wie anderes Bier den Appetit an. Auch fällt die stoffwechselbeschleunigende Wirkung des Alkohols hier natürlich weg.

Export

Der Name „Exportbier“ mag den Laien zunächst in die Irre führen, denn diese Biersorte ist keineswegs für den Export gedacht. Ganz im Gegenteil: Der Großteil des in Deutschland gebrauten Exportbieres wird auch hier konsumiert. Woher stammt nun also dieser vewirrungstiftende Name? Nun, früher bezeichnete man mit „Export“ diejenigen Biersorten, die man über weite Strecken transportieren konnte, ohne daß diese Schaden nahmen. Biersorten also, die rein theoretisch gut für den Export geeignet waren. Und dieser Name ist dem untergärigen, meist hellen Bier bis heute geblieben. Sein relativ hoher Gehalt an Stammwürze (12,5 bis 14 Prozent) verleiht dem Exportbier seinen vollmundigen und aromatischen Geschmack, im Vergleich zu Pils ist es jedoch weniger herb. Dieser hohe Stammwürzegehalt wirkt sich natürlich auch auf den Alkoholgehalt des Bieres aus, der mit 4 bis 4,2 Prozent ebenfalls relativ hoch angesetzt ist. Häufig findet man bei dieser Biersorte auch Bezeichnungen wie „Urhell“ oder „Urwürzig“. Zwei verschiedene Brauarten gibt es beim Exportbier: die Dortmunder und die Münchner Brauart. In München wird neben hellem auch dunkles Export gebraut, insgesamt ist die Münchner Brauart jedoch weniger verbreitet. Münchner Export ist weniger gehopft und schmeckt malziger als die Dortmunder Variante.

Export-Weizen

Zu den Exportbieren gehört auch das Export-Weizen. Wie alle Weizenbiere handelt es sich hierbei um ein obergäriges Bier. Sein Stammwürzegehalt beträgt wie bei den anderen Exportbieren 12,5 bis 14 Prozent, sein Alkoholgehalt liegt bei etwa 4 Prozent. Das helle Export-Weizen ist sehr kohlensäurehaltig, sein Geschmack ist nur schwach-hopfenbitter, dafür aber malzig und aromatisch.

Kölsch

Eigentlich ist auch das helle Kölsch ein Altbier, wird das obergärige Bier doch auf die alte Weise hergestellt. Dennoch bezeichnen die Kölner es nicht so, sondern haben ihm ihren eigenen Namen gegeben, um die Herkunft ein für alle mal klarzustellen. Überhaupt hält die Stadt Köln einen Rekord in Sachen „Bier", stolz kann sie von sich behaupten, weltweit die Stadt mit den meisten Brauereien zu sein. 16 Stück gibt es allein im Stadtgebiet. Dabei ist jedoch genau festgelegt, welche Biere sich mit dem Namen „Kölsch" schmücken dürfen. Die Kölsch-Konvention hat nämlich geregelt, daß diese Biersorte nur in Köln und näherer Umgebung hergestellt werden darf. Nicht einmal Hollywood konnte sich über diesen Erlaß hinwegsetzen. So wurde mit einer amerikanischen Brauerei, die ein Bier namens „Hollywood Blonde" im „Kölsch Style" herstellte, im wahrsten Sinne des Wortes kurzer Prozeß gemacht. Der Name „Kölsch" steht also auch für ein Ortsmonopol, nur 26 Brauereien haben das Recht, dieses Bier herzustellen. Gerade in den letzten Jahrzehnten ist das Interesse am Altbier wieder gewachsen, der Ausstoß der Kölsch-

köcheln. Die Champignons putzen, blättrig schneiden, zum Gemüse geben. Das Bier angießen, die Fischstücke auf das Gemüse legen und in zehn Minuten gar ziehen lassen.

Den Dill hacken, das Gericht damit bestreuen, mit Pfeffer und Salz abschmecken.

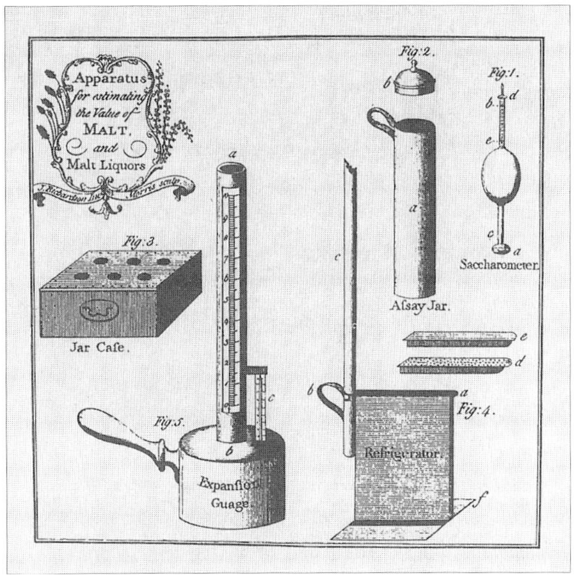

Die Abbildung aus dem Jahr 1748 zeigt Geräte zur Bestimmung der Qualität von Malz und Malzextrakt: „Apparatus for estimating the Value of MALT and Malt Liquors" (aus England)

Fisch

FISCHFILET IN SENFSOSSE

Zutaten:

2	*gelbe Rüben*
2	*Petersilienwurzeln*
1	*Stück Knollensellerie*
1	*Zwiebel*
1	*Zitrone*
1/2 l	*helles Weizenbier*
1	*ganzer Schellfisch, küchenfertig, etwa 1,2 kg schwer*
35 g	*Butter*
40 g	*Mehl*
1/4 l	*Fischfond*
1/4 l	*helles Weizenbier*
3 EL	*Dijon-Senf*
2	*Eigelb*
1 EL	*Weinessig*
1 EL	*Zitronensaft*
1	*Bund Dill*
2	*Lorbeerblätter*
10	*Pfefferkörner*
4	*Pimentkörner*
	Salz
	weißer Pfeffer
1 Prise	*Zucker*

Zubereitung:

Das Gemüse schälen, die Zwiebel abziehen, alles in Stücke schneiden. Die Zitrone schälen, in Scheiben schneiden. Es darf keine weiße Haut mehr vorhanden sein, sie ist bitter.

In einem Gänsebräter anderthalb Liter Wasser mit dem Weizenbier aufkochen, die Zwiebel- und Gemüsestücke, die Zitronenscheiben sowie die Gewürze zugeben. Diesen Sud eine halbe Stunde leise köcheln lassen.

Brauereien konnte sich zwischen 1960 und 1980 sogar verzehnfachen.
Was macht nun also ein Kölsch aus, außer daß es in Köln gebraut wird? Der Stammwürzegehalt dieses Bieres liegt bei durchschnittlich 11,3 Prozent, sein Alkoholgehalt bei etwa 4,8 Prozent. Sein Geschmack ist aromatisch und betont hopfenbitter, insgesamt schmeckt es herber als andere obergärige Biere. Auch in der Farbe hebt sich das Kölsch von den übrigen Altbieren ab, es ist heller, ja, man könnte es fast schon als hellgelb bezeichnen.
Und noch eine lokale Besonderheit am Rande: Will man sein Kölsch stilecht genießen, so sollte man es aus einer sogenannten „Stange" trinken, einem schmalen, zylindrischen Glas, das 0,2 Liter faßt.

Lagerbier

Von seiner Herstellung her ist das Lagerbier das einfachste und das preiswerteste unter den Vollbieren. Das soll aber keineswegs bedeuten, daß es sich hier um eine minderwertige Biersorte handelt – nein, das Lagerbier ist schlicht und einfach ein „Allerweltsbier". Genau dieses Bier bekommen Sie, wenn Sie lediglich ein „Helles" oder ein „Dunkles" bestellen, ohne nähere Angaben zu machen. Woher kommt eigentlich der Name „Lagerbier"? Er ist ein historischer Begriff und bezeichnete Biere, die erst einige Monate im Keller gelagert wurden, bevor man sie ausschenkte. Streng genommen sind also alle untergärigen Vollbiere Lagerbiere, ein Oberbegriff, der sich im Ausland schon längst eingebürgert hat. In Deutschland ist man dagegen gründlicher: hier werden nur solche Biere als Lagerbiere bezeichnet, deren Stammwürze unter 12,5 Prozent liegt und die

nicht sehr hopfenbitter und deshalb auch keine Pilse sind.
Wie bei anderen Biersorten gibt es auch bei den Lagerbieren helle und dunkle Biere. Helle Lagerbiere schmecken sehr malzaromatisch, teilweise sogar ein wenig süß. Ihr Alkoholgehalt kann relativ hoch sein, er liegt zwischen 4,6 und 5,6 Prozent. Der Alkoholgehalt der dunklen Lagerbiere ist niedriger, er liegt in etwa bei 4,8 Prozent. Ihr Geschmack ist ebenfalls malzaromatisch, dazu auch leicht hopfig.

Malzbier mit Zuckerzusatz

Diese spezielle Variante des Malzbieres wird in allen Bundesländern außer Bayern und Baden-Württemberg hergestellt. Im Gegensatz zu diesen beiden Bundesländern, wo die Stammwürze nur aus Braumalz besteht, darf im restlichen Deutschland Zucker dazugegeben werden. Diese Regelung ist übrigens die einzige Ausnahme vom traditionellen Reinheitsgebot des deutschen Braugewerbes. Der Zuckerzusatz führt natürlich zu einem Anstieg der Stammwürze, die hier bei etwa 12 bis 13 Prozent liegt, der Alkoholgehalt ist jedoch ebenso niedrig wie bei anderen Malzbieren, nämlich etwa 0,5 bis 1,5 Prozent. Deshalb wollen es viele Bierkenner eigentlich gar nicht mehr als richtiges Vollbier gelten lassen, sondern sehen es vielmehr als alkoholarmes Einfachbier.
Durch seinen hohen Zuckergehalt schmeckt das obergärige dunkle Malzbier süß und ist sehr kalorienreich. Daher wurde es auch immer wieder in der Medizin verwendet, speziell als Aufbaumittel für stillende Mütter und Ammen.
Eine Variante des Malzbiers mit Zuckerzusatz ist die Mumme, auch Schwarzbier genannt. Dieses Malzextraktbier wurde erst-

Den Fisch waschen, in den Topf legen und sofort die Hitze reduzieren, der Fisch darf keinesfalls kochen und soll in 20 Minuten garziehen.

Inzwischen für die Soße die Butter zerlassen, das Mehl einrühren und hell anschwitzen. Mit dem Fischfond ablöschen, das Bier zugießen und 20 Minuten durchköcheln.

Eigelb mit dem Senf, Zucker, Salz, Pfeffer, Essig und dem Zitronensaft verrühren, den Soßentopf vom Herd ziehen, die Senfmischung einquirlen, nicht mehr kochen.

Den Dill hacken und über das Gericht streuen.

Szene aus einer mittelalterlichen Brauerei.

Fisch

ROTBARSCH IM GEMÜSEBETT

Zutaten:

1 kg	*Rotbarschfilet*
1	*Zitrone*
2	*Stangen Lauch*
2	*gelbe Rüben*
2	*Gemüsezwiebeln*
3 EL	*Butter*
1/2 l	*helles Bier*
	Salz
	weißer Pfeffer

Zubereitung:

Den Fisch abspülen, trocken tupfen, mit Zitronensaft beträufeln und mit Pfeffer und Salz bestreut beiseite stellen.

Die Lauchstangen halbieren, gründlich waschen und in feine Scheiben schneiden. Die gelben Rüben schaben, in Längsrichtung über den Gemüsehobel ziehen und dann in feine Streifen schneiden. Die Zwiebeln abziehen und in dünne Scheiben hobeln oder schneiden.

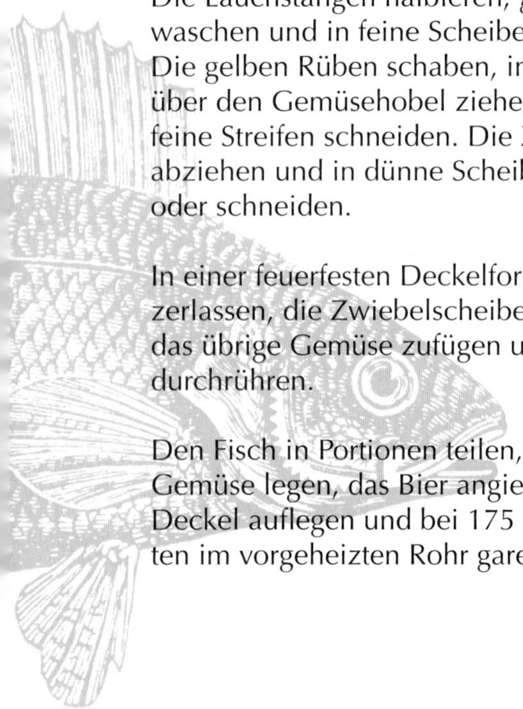

In einer feuerfesten Deckelform die Butter zerlassen, die Zwiebelscheiben andünsten, das übrige Gemüse zufügen und alles kurz durchrühren.

Den Fisch in Portionen teilen, auf das Gemüse legen, das Bier angießen, den Deckel auflegen und bei 175 Grad 20 Minuten im vorgeheizten Rohr garen.

mals im Jahr 1492 in Braunschweig von einem Brauer namens Christian Mumme hergestellt. Ursprünglich wurde diese Biersorte für die Seefahrt gebraut, da sie wegen ihres hohen Gehaltes an Stammwürze sehr haltbar war und so problemlos auf monatelange Schiffsexpeditionen mitgenommen werden konnte. Dieser hohe Gehalt an Stammwürze hatte allerdings auch noch eine Nebenwirkung. Da Christian Mumme außer der Stammwürze kaum andere Zutaten und keinen Hopfen verwendete, war sein Bier ursprünglich extrem stark. Heute jedoch ist die Mumme ebenso süß und alkoholarm wie andere Malzbiere auch. Auch heute wird die „Braunschweiger Mumme“ noch hergestellt und in Braunschweig sogar in Apotheken verkauft, ein Beweis, daß die Heilwirkung von Malzbier nach wie vor eine Rolle in der Pharmazie spielt.

Märzen

Der Name dieser süddeutschen Spezialität leitet sich tatsächlich vom Monat März her, denn in diesem Monat wurde diese Biersorte traditionell gebraut. Das Märzen ist nämlich ein untergäriges Bier, und untergärige Biere brauchen nun einmal niedrige Temperaturen. Im März war es also noch kühl genug, um die Hefe richtig gären zu lassen und man konnte das Bier bis in den Spätsommer hinein lagern. Deshalb wurde das Märzen im Jahre 1810 auch zum Oktoberfestbier, eine Tradition, die sich bis heute gehalten hat. Nach wie vor wird das Märzen auf der „Wies'n“ in großen Mengen ausgeschenkt. Auch auf dem Stuttgarter Volksfest, der „Canstatter Wasen“ ist es zum beliebten Festbier geworden.
Damit man es den Sommer über gut einlagern konnte, wurde die Stammwürze beim

Märzen etwas kräftiger angelegt als bei anderen Vollbieren, sie beträgt etwa 12,5 bis 14 Prozent, der Alkoholgehalt liegt zwischen 3,9 und 4,3 Prozent. Bei der Herstellung dieser Biersorte wird ein Spezialmalz verwendet, das dem Märzen seinen besonders milden, aromatischen und malzigen Geschmack verleiht. Seine Farbe läßt sich am besten mit goldgelb beschreiben, allerdings wird mittlerweile auch dunkles Märzen gebraut.
Auch wenn sich heute natürlich niedrige Temperaturen auf künstliche Weise erzeugen lassen, und man Märzen im Prinzip das ganze Jahr über brauen könnte, wird es nach wie vor überwiegend im März hergestellt. Anschließend wird es ein halbes Jahr im Keller gelagert, um richtig zu reifen, so daß sein süffiger und malziger Geschmack zur Oktoberfestzeit zur vollen Entfaltung kommt.

GEBACKENER KABELJAU

Zutaten:

1 kg	*Kabeljaufilet*
1	*Zitrone*
2	*Zwiebeln*
100 g	*Butter*
200 ml	*helles Bier*
3	*Cornichons*
	Fett für die Form
2	*Eigelb*
200 g	*Rahm*
2 EL	*Semmelbrösel*
	Salz
	Pfeffer

Zubereitung:

Den gewaschenen Fisch mit Zitronensaft und Salz und Pfeffer würzen und beiseite stellen. Die Zwiebeln abziehen und hacken, in der Hälfte der Butter glasig dünsten, das Bier zugießen und ein paar Minuten köcheln lassen.

Die Cornichons würfeln, zu den Zwiebeln geben. Eine feuerfeste Form ausfetten, den portionierten Fisch einlegen und die Zwiebelmischung darauf verteilen.

Eigelb mit dem Rahm verquirlen, salzen und etwas pfeffern, über den Fisch gießen. Die Semmelbrösel darüberstreuen und mit Butterflöckchen belegen.

Bei 175 Grad etwa 15 Minuten backen.

Fisch

ZANDER MAL GANZ ANDERS

Zutaten:

1	*Zwiebel*
100 g	*geräucherter Schweinebauch*
2 EL	*Butterschmalz*
1	*große Dose Sauerkraut*
1/2 l	*helles Bier*
1	*mehlige Kartoffel*
1	*Zander von etwa 1 kg*
4 EL	*Butterschmalz*
1 EL	*Mehl*
2	*Lorbeerblätter*
1 Prise	*Zucker*
	Salz
	Pfeffer

Zubereitung:

Die Zwiebel abziehen und hacken, den Schweinebauch in Streifen schneiden.

Das Schmalz zerlassen, Zwiebel und Fleisch andünsten, das Sauerkraut locker zupfen und mit andünsten. Mit Pfeffer und Zucker würzen, die Lorbeerblätter zugeben und mit dem Bier aufgießen. Die Kartoffel schälen und in den Topf reiben. Gut umrühren, zudecken und auf kleinster Hitze schmoren lassen.

In einer Fischpfanne oder der Fettpfanne des Backofens das Butterschmalz zerlassen, den Fisch in Mehl wälzen und im heißen Fett anbraten. In dem auf 200 Grad vorgeheizten Backofen 20 Minuten braten.

Das Kraut auf eine Platte geben, den Fisch darauflegen.

Pils

Das Pils – oder Pilsener – ist das beliebteste Vollbier in Deutschland, in etwa jedes zweite ausgeschenkte Vollbier ist ein Pils. Bedenkt man, daß dazu noch 90 Prozent der in Deutschland getrunkenen Biere sowieso Vollbiere sind, kann man also mit Fug und Recht behaupten: Das Pils ist des Deutschen liebstes Bier!
Dabei liegt der Ursprung dieses leichten hellen Bieres keineswegs in Deutschland, sondern im böhmischen Pilsen. Schon seit dem Mittelalter wurde dort Bier gebraut, allerdings geriet es mit der Zeit immer schlechter und war zu Beginn des 19. Jahrhunderts angeblich ungenießbar geworden. Einen Aufschwung erlebte das Pilsener Bier erst wieder, als bayerische Braumeister nach Böhmen auswanderten, genauer gesagt ein bestimmter Bayer namens Josef Groll aus Vilshofen. Groll brachte nicht nur reichlich Erfahrung in der Braukunst mit nach Pilsen, sondern auch untergärige Hefe, die er direkt aus Bayern importierte. Auch verwendete er für sein Bier besonders helles Malz, das damals nur sehr schwer herzustellen war. Zwei weitere wichtige Zutaten zum Pilsener fand Groll vor Ort: das weiche Wasser der Umgebung sowie den besonders aromatischen Hopfen aus dem nahe gelegenen Saaz. Mit diesen Zutaten begann Groll im Oktober 1842 zu brauen und am 11. November desselben Jahres konnte er der Öffentlichkeit stolz das Ergebnis präsentieren: das Pils war geboren. Die Bierwelt war begeistert von dem neuen hellen Bier und das Pils konnte seinen Siegeszug in die Gläser und Herzen der Menschen antreten. So entstand das Pils aus der Verbindung von böhmischen Zutaten und bayerischer Braukunst, es ist also gleichermaßen ein böhmisches als

auch ein urbayerisches Bier. Heute wird in ganz Deutschland Bier „nach Pilsener Art" gebraut, doch im Gegensatz zu anderen Bieren hat das Pils konsequent das Aroma des alten ursprünglichen Bieres beibehalten. So bezeichnet „Pils" nicht nur eine bestimmte Brauart, sondern auch eine Geschmacksrichtung: Süffig und zugleich spritzig, herb und frisch – mit diesen Worten läßt sich sein Aroma am besten beschreiben. Seine Stammwürze liegt bei etwa 12 Prozent, der Alkoholgehalt zwischen 3,8 und 4 Prozent. Auch wenn ein Pils normalerweise goldgelb ist, gibt es mittlerweile auch dunkle Pilse, die mit dunklem Malz gebraut werden. Sein hoher Hopfengehalt verleiht dem Bier seine feste, sahnige Schaumkrone.

Rauchbier

Die Entstehung des untergärigen Rauchbieres ist eigentlich einem Zufall zu verdanken: Wollte ein Brauer das Malz im Freien trocknen und ließ die Sonneneinstrahlung zu wünschen übrig, so half er etwas nach, indem er ein Feuer entzündete und das Malz darüber trocknen ließ. Der Rauch durchzog natürlich das Malz und verlieh dem daraus gebrauten Bier seinen charakteristischen rauchigen und herbwürzigen Geschmack, der manchen Leuten etwas gewöhnungsbedürftig erscheint. Einige Brauereien begannen, aus diesem Zufall Kapital zu schlagen, bekannt ist vor allem das „Bamberger Rauchbier". In Bamberg wird das Malz auch heute noch über einem Feuer aus feuchtem Buchenholz gedarrt, es schmeckt daher intensiv rauchig. Mit 13,5 Prozent ist der Stammwürzegehalt des dunklen Rauchbieres relativ hoch, sein Alkoholgehalt liegt etwa bei 4,5 Prozent.

SCHLESISCHER KARPFEN

Zutaten:

1	*Karpfen von etwa 1,5 kg*
1	*Zwiebel*
1	*gelbe Rübe*
2 EL	*Butter*
1 EL	*Mehl*
1	*Flasche dunkles Bier*
2	*Zitronen*
100 g	*Soßenlebkuchen*
1/2	*Tasse Rotwein*
1 EL	*Rosinen*
1 EL	*Mandelstifte*
1	*Lorbeerblatt*
2	*Nelken*
2	*Pfefferkörner*
	Salz
	Zucker

Zubereitung:

Den Karpfen schuppen, waschen und in dicke Scheiben schneiden. Die Zwiebel abziehen und hacken, die gelbe Rübe schaben und in Stifte schneiden.

Die Hälfte der Butter erhitzen und Zwiebel und gelbe Rüben fünf Minuten dünsten. Das Gemüse aus der Pfanne nehmen und beiseite stellen.

In einer Pfanne den Rest der Butter heiß werden lassen, das Mehl hinein rühren und eine dunkle Mehlschwitze bereiten. Mit dem Bier ablöschen, die gedünsteten Zwiebeln und gelbe Rüben dazugeben, mit Lorbeerblatt, Pfefferkörnern, Nelken und einem halben Teelöffel Salz würzen. Eine Zitrone waschen und in Scheiben in die Soße geben. Unter gelegentlichem Rühren 30 Minuten kochen.

Die fertige Soße durch ein Sieb in einen Topf passieren, den Lebkuchen in die Soße reiben, den Rotwein, die Rosinen und die Mandelstifte zugeben. Kräftig aufkochen und mit Salz, Zukker und Zitronensaft sehr kräftig abschmecken.

Bei sehr schwacher Hitze die Karpfenstücke einlegen, sie sollen von der Soße bedeckt sein. Eventuell noch etwas Bier nachgießen. Nach 20 Minuten ist der Fisch gar.

Spezial

Der Begriff „Spezial" bezeichnet in der Braukunst zweierlei. Zum einen bezieht er sich auf den Gehalt an Stammwürze, der bei dieser untergärigen Biersorte über 13 Prozent liegt. Dem enspricht auch der Alkoholgehalt des Bieres, er beträgt etwa 4,3 Prozent. Zum anderen werden mit „Spezial" aber auch Biere bezeichnet, die zu bestimmten Anlässen gebraut werden, so zum Beispiel Oktoberfestbiere, Oster- oder Weihnachtsbiere. Auch hier handelt es sich zumeist um kräftige untergärige Biere.

Weizen

Weizenbier - auch Weißbier genannt - hat seinen Namen von einer charakteristischen Zutat: statt Gerstenmalz wird hier nämlich Weizenmalz verwendet. Dabei hätte es diese Biersorte um ein Haar gar nicht gegeben, denn im 16. Jahrhundert ließ Herzog Wilhelm im Reinheitsgebot festlegen, daß nur Gerste zum Brauen erlaubt war. Dies hatte einen sehr praktischen Grund, herrschte zu dieser Zeit doch Weizenknappheit. Des weiteren war Herzog Wilhelm aber auch der Meinung, daß „Weizenbier ein unnütz Getränk sei, das weder nähre, noch Kraft und Macht gäbe, sondern nur zum Trinken reize". Eine Ausnahme gab es jedoch. Die Herren von Degenberg in Schwarzach hatten ein altangestammtes Weizenbier-Braurecht, das auch durch dieses Verbot nicht beseitigt werden konnte. Im Jahre 1602 fiel dieses Recht dann an das regierende Herzogshaus in Bayern und Herzog Maximilian I. nutzte dies auch weidlich aus, witterte er in diesem Weizenbier-Monopol doch eine gute Möglichkeit, seinen Geldbeutel aufzufüllen. So gründete er eine

Reihe von Brauhäusern, die für ihn Weizenbier herstellten. Bis ins 18. Jahrhundert konnte sich dieses Monopol halten und Weizenbier stellte eine nicht unerhebliche Einnahmequelle des bayerischen Hofes dar. Da Weizen teurer war als Gerste, galt es als Getränk der Fürsten. Abgesehen von der Zugabe von Weizenmalz unterscheidet sich der Brauprozeß auch in anderer Hinsicht von den anderen Bieren. Beim Würzekochen wird weniger Hopfen verwendet, die Hauptgärung läuft bei Zimmertemperatur ab. Dann muß das Weizen noch nachreifen - entweder in einem Lagertank oder bereits in Flaschen abgefüllt.
Trotz allem enthält das obergärige Weizen jedoch auch Gerste, nämlich zwischen 30 und 40 Prozent. Seine Stammwürze beträgt 11 bis 12 Prozent, sein Alkoholgehalt beläuft sich auf etwa 4 Prozent. Sein Geschmack läßt sich am besten als milde, schwach hop-

KABELJAU IN MALZBIER

Zutaten:

1 kg	*Kabeljaufilet*
1	*unbehandelte Zitrone*
3/4	*Flasche Malzbier*
150 g	*möglichst trockene Schwarzbrotrinde*
2 EL	*Butter*
1	*Lorbeerblatt*
8	*Pfefferkörner*
4	*Pimentkörner*
1	*Nelke*
	Salz
	Pfeffer

Zubereitung:

Die Zitrone waschen und dünn schälen. In einem kleinen Topf das Bier mit den Gewürzen zum Kochen bringen, das Schwarzbrot hineinreiben. Die Zitronenschale zugeben, alles kochen bis das Brot weich ist.

Den Sud durch ein feines Sieb streichen, nochmals aufkochen. Den Fisch in Würfel schneiden und diese mit Zitronensaft beträufeln. Die Fischwürfel in die Soße einlegen, zwölf Minuten ziehen lassen und die Soße mit der Butter, Salz und Pfeffer abschmecken.

Fisch

ROTBARSCHRÖLLCHEN

Zutaten:

4	*Rotbarschfilets*
1	*Zitrone*
65 g	*durchwachsener Bauchspeck*
1	*Zwiebel*
1	*Gewürzgurke*
3 EL	*Butter*
2 EL	*Mehl*
1/4 l	*Fleischbrühe*
1/8 l	*helles Bier*
1/8 l	*Milch*
1-2 EL	*Senf*
	Salz
	Pfeffer
	Zucker

Zubereitung:

Die Fischfilets mit Zitronensaft beträufeln, mit Salz und Pfeffer würzen und beiseite stellen.

Inzwischen den Speck sehr fein würfeln, die Zwiebel abziehen und hacken. Den Speck in einer Pfanne ausbraten, die Zwiebelwürfel mitdünsten und glasig werden lassen. Von dieser Masse etwas auf jedes Filet geben, die Gewürzgurke vierteln, ein Stück auf jeweils ein Filet legen, aufrollen und mit Küchengarn binden.

Das Mehl in einem Topf mit der Butter anschwitzen, mit Fleischbrühe, Bier und Milch aufgießen und kräftig durchkochen. Mit Salz, Pfeffer, Senf und Zucker abschmecken. Die Rouladen einlegen und 20 Minuten langsam gar ziehen lassen.

fenbitter und würzig beschreiben. Charakteristisch für diese Biersorte ist ihr hoher Gehalt an Kohlensäure, der zur erfrischenden Wirkung des Bieres beiträgt, verursacht aber auch die starke Schaumentwicklung, die für den Laien manchmal das Einschenken zu einem echten Problem werden lassen kann. Will man statt des goldfarbenen Weizenbieres nicht nur Schaum im Glas haben, so sollte man das Glas besonders schräg halten und das Weißbier langsam und behutsam einschenken.

Doch Weizen ist nicht gleich Weizen: Innerhalb der Weißbiere gibt es unterschiedliche Varianten. Beim sogenannten „Kristallweizen“ wird vor dem Abfüllen die Hefe völlig herausgefiltert, das Bier ist deshalb kristallklar. Bei manchen Weizen läßt man dagegen Hefepartikel im Bier, das fertige Produkt ist daher trüb oder „hefetrüb“ und wird deshalb „Hefeweizen“ genannt. Schließlich gibt es auch eine Weißbiersorte, die aus dunklem Weizenmalz gebraut wird, und die den paradox anmutenden Namen „Dunkles Weißbier“ trägt. Zu guter Letzt gibt es auch noch das Export-Weizen, dessen Stammwürze mit einem Gehalt von 12,5 bis 14 Prozent etwas über dem normalen Weizen liegt. Die Klosterbrauerei Andechs stellt sowohl helles als auch dunkles Weizen her.

Die Starkbiere

Starkbiere machen auf dem deutschen Biermarkt nicht mehr als ein Prozent aus, trotzdem wird ihnen hohe Bewunderung zuteil. Betrachtet man ihren Stammwürzegehalt, so fällt auf, daß sie nicht unmittelbar an die Vollbiere anschließen. Obwohl die Vollbiere bei einem Stammwürzegehalt von 14 Prozent enden, beginnen Starkbiere erst bei 16 Prozent. Die Gesetz-

geber waren hier jedoch nicht etwa unaufmerksam, die Lücke in dieser Klassifizierung ist vielmehr darauf zurückzuführen, daß in Deutschland keine Biere mit einem Stammwürzegehalt zwischen 14 und 16 Prozent gebraut werden!
In Süddeutschland wird das Starkbier meist „Bockbier“ genannt, doch hat diese Bezeichnung rein gar nichts mit Ziegen zu tun, wie man auf den ersten Blick vermuten möchte. In diesem Fall ist das Wort „Bock“ vielmehr eine bayerische Verballhornung des Städtenamens „Einbeck“, aus dem das Starkbier im 16. Jahrhundert von Niedersachsen nach München kam.

Bock

Der Bock, das schwächste unter den Starkbieren, ist vor allem in Bayern beheimatet. Oft wird es zu bestimmten Festen oder Anlässen gebraut, am bekanntesten ist dabei mit Sicherheit der Maibock. Der

Stammwürzegehalt des untergärigen Bieres liegt zwischen 16 und 17 Prozent, sein Alkoholgehalt beträgt etwa 5 Prozent. Bezeichnend ist, daß sich der Bock im Winter größerer Beliebtheit erfreut als im Sommer, erscheint es vielen doch zu schwer und zu stark für die warme Jahreszeit. Sein Geschmack läßt sich als vollmundig und malzaromatisch beschreiben. Wie bei vielen anderen Biersorten gibt es auch hier eine dunkle und eine helle Variante.

SCHELLFISCH MIT CHAMPIGNONS

Zutaten:

750 g	*Schellfischfilet*
1	*Zitrone*
100 g	*Butter*
3	*Zwiebeln*
500 g	*Champignons*
1/2 EL	*Dill*
1/2 EL	*Petersilie*
1/2 EL	*Schnittlauch*
1/4 l	*helles Bier*
2 EL	*Semmelbrösel*
	Salz
	Pfeffer

Zubereitung:

Schellfisch waschen, trocknen und mit Zitronensaft beträufeln.

Ein Drittel der Butter in einer Pfanne erhitzen. Zwiebeln würfeln, in die Pfanne geben und anbraten. Champignons dazugeben und fünf Minuten dünsten lassen. Pfeffer, Salz und Kräuter dazugeben, dann die Pfanne vom Herd nehmen.

Eine feuerfeste Form mit einem Drittel Butter ausstreichen und die Hälfte der Champignons und Zwiebeln dazugeben. Fischfilets darauflegen und mit der anderen Hälfte der Champignons und Zwiebeln bedecken. Bier darübergießen und mit Semmelbröseln bestreuen. Die restliche Butter als Flöckchen darüberstreuen.

25 Minuten bei 200 Grad im Backofen braten lassen.

Fisch

FORELLEN IM BIERSUD

Zutaten:

2	*Zwiebeln*
3/4 l	*helles Bier*
4	*küchenfertige Forellen*
2	*Lorbeerblätter*
3	*Nelken*
5	*Wacholderbeeren*
5	*Pfefferkörner*

Zubereitung:

Die Zwiebeln abziehen und achteln, mit dem Bier zum Kochen bringen, die Gewürze beifügen und alles 20 Minuten leise köcheln lassen. Die Fische in den Topf legen und bei kleinster Hitze in zehn Minuten gar ziehen lassen.

Doppelbock

Zwar nicht gerade doppelt so stark wie das Bockbier, aber auf jeden Fall stärker ist der Doppelbock. Erfunden wurde auch diese Biersorte von Mönchen, und zwar von Paulanern, die im 17. Jahrhundert aus Italien nach Bayern kamen. Dort entdeckten sie das Bockbier, das damals schon im Münchner Hofbräuhaus verkauft wurde, und begannen bald, selbst Bier herzustellen. In weiser Voraussicht brauten sie es bereits weit stärker als den gewöhnlichen Bock: der Doppelbock war geboren. Offiziell benannten sie ihre Biersorte jedoch zu Ehren ihres Ordensgründers, Franz von Paula, „des heiligen Franz Öl" oder auch „Sankt-Vaters-Bier". Im Volksmund wurde daraus zunächst „Savaterbier" und schließlich „Salvatorbier". Im 19. Jahrhundert begannen etliche Brauereien, Salvatorbier zu brauen, doch wurde schließlich per Gerichtsbeschluß festgelegt, daß nur die Paulaner Brauerei Bier unter diesem Namen vertreiben durfte. Deshalb tragen viele andere Starkbiere so klangvolle Namen wie Maximator, Triumphator oder Vitaminator. Nicht auf „ator" endet der Name des Andechser Doppelbocks, er nennt sich statt dessen einfach nur Andechser Doppelbock.

Ausgeschenkt wird das Salvatorbier stets nur während der zweiwöchigen Starkbierzeit im Frühjahr, der genaue Termin wird alljährlich von den großen Münchner Brauereien festgesetzt. Auf jeden Fall sollte aber der Josefi-Tag (19. März) in diese Periode fallen.

Nun noch einige Fakten zu dieser Biersorte: Der Stammwürzegehalt des untergärigen Doppelbocks beginnt bei 18 Prozent, sein Alkoholgehalt kann bis zu 6 Prozent betragen. Wie viele andere Biersorten gibt es auch den Doppelbock hell oder dunkel, je nachdem, mit welcher Sorte Malz er gebraut wird. Außerdem besticht das vollmundige Bier durch seinen ausgeprägt malzaromatischen Geschmack.
Im Jahre 1844 war das Salvatorbier übrigens Anlaß für einen Volksaufstand in München. Ausgerechnet zur Starkbierzeit war nämlich der Bierpreis erhöht worden, und das wollten die Münchner nicht hinnehmen. Drei Tage tobte die Bevölkerung, Brauereien wurden gestürmt und zerstört, bis die Preiserhöhung schließlich wieder rückgängig gemacht wurde. So wichtig ist den echten Bayern eben ihr Starkbier!

Eisbock

Einen Rekord in der Bierwelt kann der Kulmbacher Eisbock für sich verbuchen, ist er doch das stärkste Bier der Welt. Stolze 28 Prozent beträgt sein Stammwürzegehalt, bis zu 10 Prozent Alkohol kann der Eisbock enthalten. Seinen Namen erhält der Eisbock durch eine Besonderheit in seiner Herstellung. So wird das untergärige dunkle Bier eingefroren, um ihm Wasser zu entziehen. Dadurch wird es natürlich besonders stark und erhält seinen charakteristischen süßen und sehr malzaromatischen Geschmack. Entdeckt wurde diese Braumethode übrigens durch einen Zufall. Um das Jahr 1890 hatte ein Brauereigeselle Fässer mit Bockbier in einer kalten Winternacht auf dem Hof der Brauerei stehen lassen, das Bier gefror, die Fässer platzten. In der Mitte des Eises

GEBRATENE MERLANE

Zutaten:

4	*küchenfertige Merlane*
1	*Zitrone*
4 EL	*Mehl*
	Olivenöl
1	*grüne Paprikaschote*
1	*Aubergine*
3	*Fleischtomaten*
4	*Blättchen Basilikum*
1 TL	*frischer Thymian*
1/8 l	*Pils*
	Salz
	weißer Pfeffer

Zubereitung:

Die Fische waschen und trocknen, mit Salz und Pfeffer würzen, mit dem Zitronensaft beträufeln, beiseite stellen. Nach etwa 15 Minuten die Merlane in Mehl wenden, das Öl in einer Pfanne erhitzen und die Fische von beiden Seiten braten.

Die Paprikaschote waschen und entkernen, in kleine Würfel schneiden. Die Aubergine und die Tomaten würfeln. Die Gemüse zu den Fischen in die Pfanne geben, zehn Minuten mitschmoren.

Für die letzten zehn Minuten die frischen Kräuter und das Bier zugeben.

KABELJAU IN CURRYSOSSE

Zutaten:

1 kg	*Kabeljaufilet*
1	*Zitrone*
2	*Zwiebeln*
1	*großer säuerlicher Apfel*
1	*Banane*
40 g	*Butter*
1/4 l	*helles Bier*
1/4 l	*Fleischbrühe oder Fischfond*
1/8 l	*Rahm*
2 TL	*Curry*
1 EL	*Mehl*
	Salz
	weißer Pfeffer

Zubereitung:

Das Kabeljaufilet waschen und trocknen, in größere Würfel schneiden, mit Salz und weißem Pfeffer würzen, mit Zitronensaft beträufeln. Die Zwiebeln abziehen, den Apfel schälen und das Kernhaus entfernen, beides sehr klein würfeln. Die Banane in feine Scheiben schneiden.

Die Butter zerlaufen lassen, die Zwiebel darin glasig werden lassen, das Currypulver sanft mitschmurgeln, Apfel- und Bananenwürfel zugeben und alles fünf Minuten dünsten.

Mit Bier und Brühe aufgießen, kurz aufkochen, sofort die Hitze reduzieren und den Fisch hineinlegen. 15 Minuten ziehen lassen.

Den Rahm mit dem Mehl verrühren, die Soße damit binden.

hatte sich jedoch das Konzentrat des Bieres gesammelt, das nach wie vor trinkbar war - und besonders stark! Auch in der Trinkweise hat sich der Name Eisbock niedergeschlagen: Traditionell wird das Bier eiskalt serviert.

Weizenbock

Wie andere Weißbiere stellt man auch den Weizenbock unter Verwendung von Weizenmalz her. Sein Stammwürzegehalt liegt zwischen 16 und 17 Prozent, sein Alkoholgehalt beläuft sich auf etwa 5 Prozent. Das obergärige Bier schmeckt malzaromatisch und schwach hopfenbitter. Auch diese Biersorte wird hell oder dunkel gebraut.

Weizen-Doppelbock

Auch beim Weizenbock gibt es noch eine Steigerungsmöglichkeit: den Weizen-Doppelbock. Sein Stammwürzegehalt liegt bei etwa 19 Prozent, sein Alkoholgehalt kann bis zu 6 Prozent betragen. Der Geschmack des obergärigen Bieres läßt sich mit malzig und schwach hopfenbitter beschreiben.

WELCHES BIER PASST ZU WELCHEM ESSEN?

Viele Leute unterliegen nach wie vor dem Trugschluß, ein Bier passe nur zu einem deftigen Essen, zu einer zünftigen Brotzeit. Manch einer scheut sich auch, in einem Restaurant - besonders in einem etwas feineren - einfach ein Bier zu bestellen. Dabei kann selbst zu einem festlichen Menü ein Bier ganz hervorragend schmecken, echte Gourmets wissen sogar genau, zu welchem

Gang bzw. Gericht welches Bier am besten paßt.
Für all diejenigen, die auch beim Essen gerne Bier trinken, hier einige Anregungen:

Aperitif
Bockbier, Pils, Weizen

Braten
Alt, Bockbier, Kölsch, Lager, Pils

Desserts
Bockbier, Doppelbock

Eintopf
Alt, Bockbier, Kölsch, Lager

Fischgerichte
Lager, Pils, Weizen, Leichtbier

Fisch (eingelegt)
Kölsch

Geflügel
Pils, Weizen

Hors d'oeuvre
Pils

Käse (mild)
Lager, Weizen

Käse (würzig)
Bockbier, Kölsch, Alt

Kalbfleisch
Alt, Kölsch

Meeresfrüchte
Alt, Pils, Weizen

Räucherfisch
Weizen

Rustikale Gerichte
Märzen, Spezial

Steaks
dunkles Bockbier, Pils

Wild
Bockbier, Pils

WILDSCHWEIN IN BIER

Zutaten:

1 kg	*Wildschweinkeule*
1 EL	*Estragonsenf*
125 g	*fetter Speck*
2	*Zwiebeln*
1	*gelbe Rübe*
3/8 l	*Fleischbrühe*
1/4 l	*Malzbier*
2 EL	*Mehl*
1 EL	*Preiselbeergelee*
	Zitronensaft
4	*Wacholderbeeren*
	Salz
	Pfeffer

Zubereitung:

In einem Mörser oder auf einem Holzbrett die Wacholderbeeren mit Salz und Pfeffer zerdrücken, mit dem Senf vermischen und damit das Fleisch einstreichen. In einem Bräter den feingewürfelten Speck auslassen und darin das Fleisch anbraten, kleingeschnittene Zwiebeln und die gelbe Rübe in kleinen Stücken dazugeben.

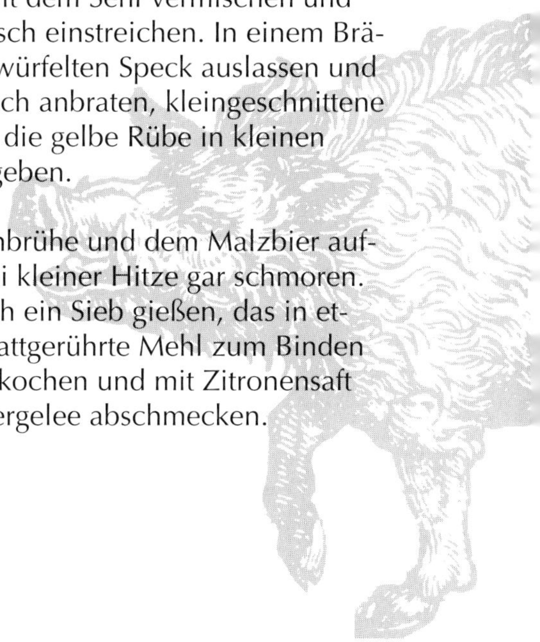

Mit der Fleischbrühe und dem Malzbier aufgießen und bei kleiner Hitze gar schmoren. Die Soße durch ein Sieb gießen, das in etwas Wasser glattgerührte Mehl zum Binden einrühren, aufkochen und mit Zitronensaft und Preiselbeergelee abschmecken.

REHRÜCKEN NACH ONKEL JASPER

Zutaten:

1	*Bund Suppengrün*
2	*Zwiebeln*
1/4 l	*Wasser*
1/4 l	*Bockbier*
1	*ausgelöster Rehrücken*
125 g	*durchwachsener Speck*
1 EL	*Öl*
200 g	*Sauerrahm*
1 EL	*Mehl*
3	*Wacholderbeeren*
3	*Pimentkörner*
6	*Pfefferkörner*
1	*Lorbeerblatt*
1/2 TL	*Thymian*
	Salz
	Pfeffer
	Zucker

Zubereitung:

Das Suppengrün und die Zwiebeln putzen und zerkleinern, mit Wasser und Salz aufkochen, die Gewürzkörner, Lorbeer sowie Thymian zugeben, aufkochen und eine halbe Stunde ziehen lassen. Abkühlen, das Bier zugeben.

Das Fleisch in eine knapp passende Form legen, die Beize darüber gießen, mit einem Deckel schließen und im Kühlschrank zwei Tage marinieren lassen.

Den Rehrücken aus der Beize nehmen, abtrocknen, salzen und pfeffern. In der Pfanne das Öl erhitzen, darin den gewürfelten Speck anbraten. Das Fleisch in eine Bratreine legen, mit dem Speck begießen, bei 220 Grad 40 Minuten braten.

SPEZIALITÄTEN UND KURIOSITÄTEN

Natürlich wurde auch beim Bierbrauen schon immer viel experimentiert. So setzte man neben den bewährten Getreidesorten Gerste und Weizen anderes Getreide ein, und erhielt so Roggen- und Dinkelbier. Auch bei der Herstellung fand man teilweise abenteuerliche Möglichkeiten, um den Geschmack des Bieres zu verbessern, ein Beispiel hierfür ist das Steinbier.

Dinkelbier

Die Beliebtheit des Dinkelbieres liegt nicht so sehr in seiner regionalen Herkunft oder seinem geschmacklichen Ruf begründet, sondern vielmehr in der Popularität der heiligmäßig verehrten Hildegard von Bingen (1098-1179). Auch diese selbst, eine umfassend gebildete und außergewöhnlich begabte Äbtissin, verdankt ihre gegenwärtige Faszination weniger ihrem beeindruckenden Glaubenszeugnis als Mystikerin und Ratgeberin, sondern der ihr zugeschriebenen Gesundheitslehre und Heilkunst. Obwohl sich gerade hier die Fachwelt sehr zurückhält, werden die – erst weit nach ihrem Tode greifbaren – Schriften zur Gesundheit unter ihrem Namen in unserem Jahrhundert benutzt, um eine „Hildegard-Medizin“ zu vermarkten. Darin spielt der Dinkel, ein Getreide, das die Heilige durchaus und mit Recht für gesund gehalten haben mag, eine große Rolle. Auch in die Braukunst läßt sich der Dinkel miteinbeziehen, obwohl er zunächst wegen seines relativ hohen Eiweißgehalts abgelehnt wurde. So wird Dinkelbier unter Verwendung von Dinkelmalz anstelle von Gerstenmalz gebraut, es erhält dadurch einen ausgeprägt malzaromatischen Geschmack.

Hirsebier

Hirsebier wird vor allem in Afrika gebraut, wo Hirse ein weit verbreitetes Getreide ist. Vor dem Erlaß des Reinheitsgebotes konnte man diese Biersorte auch in Europa finden.

Roggenbier

Auch beim Roggenbier wird das traditionelle Gerstenmalz ersetzt - durch Roggenmalz. Gebraut wird es mit Hilfe von obergäriger Hefe.

Steinbier

Bei der Herstellung von Steinbier erhitzt man Natursteine über einem Feuer und taucht sie anschließend in die Maische. Das hat zur Folge, daß der Malzzucker auf der Steinoberfläche karamelisiert. Legt man die Steine dann später wieder in die Lagertanks, löst sich der Zucker wieder. Dadurch wird eine besonders starke Nachgärung verursacht. So erhält diese Biersorte einen rauchigen Geschmack. Heute kennt man allerdings nur noch ein Steinbier, nämlich das Rauchenfels Steinbier aus Neustadt bei Coburg, das in einer obergärigen und einer untergärigen Variante gebraut wird.

Nach 20 Minuten das Gemüse aus der Beize zufügen, nach einer halben Stunde den Sauerrahm dazugießen.

Das Fleisch auf eine vorgewärmte Platte geben, den Bratfond mit einem Achtelliter Beize lösen, das Mehl mit etwas Beize verrühren und die Soße damit binden. Mit Salz und Pfeffer würzen, mit Zucker abschmecken.

HASE IM TOPF

Zutaten:

1	*küchenfertiger Hase*
1 EL	*Kräutersenf*
1 EL	*Öl*
65 g	*durchwachsener Speck*
1/4 l	*Fleischbrühe*
1/4 l	*helles Exportbier*
250 g	*Schalotten*
250 g	*reife Tomaten*
200 g	*Sauerrahm*
1 EL	*Speisestärke*
1-2 EL	*Cognac*
1	*Lorbeerblatt*
1/2 TL	*Rosmarin*
1/2 TL	*Oregano*
	Zucker
	Salz
	Pfeffer

Zubereitung:

Den Hasen häuten, in Stücke schneiden, mit Salz und Pfeffer einreiben und mit Senf bestreichen. Das Öl in der Pfanne erhitzen, den feingewürfelten Speck darin auslassen dann die Fleischstücke einlegen und schön braun braten.

Während des Anbratens die Kräuter in der Pfanne mitbraten, so entfalten sie ihr Aroma am besten. Zugedeckt eine Stunde schmoren, nach einer halben Stunde die geschälten Schalotten sowie die gehäuteten, in Stücke geschnittenen Tomaten zugeben.

Zum Binden die Stärke mit etwas Wasser anrühren, in die Soße geben, aufkochen und mit Sauerrahm, Cognac und Zucker abschmecken.

ANDERE LÄNDER, ANDERE BIERE

So könnte man ein bekanntes Sprichwort variieren. Wie bei der Kochkunst sind natürlich auch in der Braukunst regionale Spezialitäten bekannt. Wie wir bereits gesehen haben, wird schon seit Menschengedenken in aller Herren Länder Bier gebraut. Besonders zu frühen Zeiten mußte man sich an regionale Gegebenheiten anpassen und auf Zutaten zurückgreifen, die in der unmittelbaren Umgebung vorhanden waren. Damals konnte man schließlich noch nicht Nahrungsmittel über weite Strecken importieren lassen. So haben sich in bestimmten Gegenden der Welt besondere Biersorten entwickelt, die sich teilweise bis heute gehalten haben. Die folgenden Abschnitte laden Sie nun zu einer kleinen kulinarischen Rundreise durch die Welt des Bieres ein.

Belgien – Heimat des Lambic

Das Besondere an der Herstellung des Lambic ist die Art der Vergärung: So wird die gekochte Würze der Selbstgärung überlassen. Man benötigt hierzu keinen speziellen Hefezusatz, vielmehr tritt die Gärung durch in der Luft vorhandene Hefepilze von selbst ein. Man spricht in diesem Zusammenhang auch von einer „spontanen" oder „wilden Gärung". Dieses Bier kann also nur im Raum Brüssel mit seiner charakteristischen Mikroflora entstehen. Ausschankreif ist das Lambic schließlich erst nach eineinhalb bis zwei Jahren.
Eine Variante des Lambic ist das Kriek, ein Kirschbier. Dessen Entstehung geht eigentlich auf ein Mißgeschick zurück: Im 19. Jahrhundert versuchte man nämlich nach einer überreichen Kirschernte, die

Früchte zu konservieren, indem man sie in Lambic einlegte. Der erwünschte Konservierungseffekt trat zwar nicht ein, doch setzte der Fruchtzucker einen erneuten Gärungsprozeß in Gang - das dunkle und fruchtig schmeckende Kriekbier war geboren.

Großbritannien – Englisches Bier mit drei Buchstaben: Ale

Das richtige englische Bier, also ein „Real Ale“ ist ein Jungbier, das mitsamt der lebenden Hefe in Fässer abgefüllt und verschickt wird. Zur Reife kommt es erst im Keller eines Pubs - ein Vorgang, den man „cask-conditioning“ nennt. Deshalb legen britische Bierfreunde auch viel mehr Wert auf die Pubkultur als auf das eigentliche Brauereiwesen, ist doch der Leiter eines Pubs wesentlich am Reifeprozeß des Bieres beteiligt. Getrunken wird ein Ale am besten knapp unter Zimmertemperatur, woran sich manch ein Tourist erst gewöhnen muß. Auch sind die meisten Ales wesentlich leichter als deutsche Biere, ihr Alkoholgehalt liegt in der Regel zwischen 3 und 4 Prozent. Die obergärigen Biere schmecken zwar bitter, doch auf eine andere Art als das deutsche Pils. Außerdem hat ein Ale zumeist keinen Schaum, da es auf traditionelle Weise mit der Handpumpe nach oben gepumpt wird, um es nicht zu sehr mit Kohlensäure anzureichern.

Irland – Guinness und anderes Stout

Der Ursprung des Stout ist in dem Braunschweiger Malzbier „Mumme“ zu finden.

SENFSOSSE FÜR FISCH

Zutaten:

30 g	*Butter*
40 g	*Mehl*
1/4 l	*Fischfond*
1/4 l	*helles Exportbier*
2 TL	*Senf*
1	*unbehandelte Zitrone*
2 TL	*Zucker*
	Salz
3	*Eigelb*

Zubereitung:

Aus der Butter und dem Mehl eine Mehlbutter kneten. Den Fischfond mit dem Bier erhitzen, den Senf, die Mehlbutter und den Zucker einrühren, von der Zitrone vier Scheiben schneiden und alles 10 Minuten kochen lassen.

Das Eigelb mit etwas Bier verquirlen, den Topf vom Herd nehmen und die Soße binden. Mit Salz abschmecken.

ZWIEBELSOSSE

Zutaten:

4	*Gemüsezwiebeln*
3 EL	*Butter*
1 TL	*Zucker*
1 EL	*Mehl*
2 EL	*Zitronensaft*
1/4 l	*dunkles Bockbier*
1/8 l	*Rahm*
	Kümmel
	Salz

Zubereitung:

Die Zwiebeln abziehen und fein hacken. Die Hälfte der Butter in einer Pfanne erhitzen, die Zwiebelwürfel goldgelb braten.

Den Zucker über die Zwiebeln streuen und karamelisieren lassen, den Kümmel zugeben und mit dem Bier aufgießen. Etwas einkochen lassen. Die restliche Butter mit dem Mehl verkneten, in die Soße rühren, aufkochen.

Rahm und Zitronensaft einrühren, mit Salz und Pfeffer abschmecken.

Auf irgendeine Weise geriet das Rezept für dieses süßliche und alkoholhaltige Getränk im 17. Jahrhundert nach England und Irland und wurde dort bald nachgebraut. Dieser Zusammenhang ist für heutige Bierkenner nur noch schwer nachvollziehbar, doch liegt dies daran, daß man heutzutage mit dem Begriff „Stout" sofort ein einziges Bier verbindet: das Guinness. Typisch für diese Biersorte ist die cremige Schaumkrone, die fest auf dem dunklen bitteren Bier thront. Allerdings ist heute nur noch jedes zweite in Irland ausgeschenkte Bier ein Stout, immer stärker drängen sich auch hier Lagerbiere auf den Markt.

Rußland –
Rosinen im Kwaß

Kwaß ist ein russisches Bier, das aus Mehl oder vergorenem Roggenbrot und Malz hergestellt wird. Des weiteren werden ihm auch Zucker, Rosinen und Pfefferminzblätter beigefügt, die dem Kwaß einen charakteristischen Geschmack verleihen.

Skandinavien –
Anti-Alkohol-Politik

Skandinavien würde man wohl nicht auf Anhieb als Paradies für Bier bezeichnen. Aufgrund der hohen Biersteuer ist der Gerstensaft dort ziemlich teuer und ist ab einer gewissen Stärke sogar nur in Spezialläden erhältlich. Diese Anti-Alkohol-Politik liegt in den sozialen Problemen der skandinavischen Länder begründet, die zu einem großen Teil auf Alkoholismus zurückzuführen sind. Trotzdem konnte diese Politik die Bierkultur nicht ausrotten. So wird auch in Dänemark noch Starkbier gebraut und auch in Schweden, Norwegen und Finnland erlebt die Bierindustrie einen Aufschwung.

Tschechien – Schwarzbier im „U Fleku“

Ein Tourist, der nach Prag kommt, sollte sich einem Besuch im berühmten Bierlokal „U Fleku“ auf keinen Fall entgehen lassen. Nicht nur ist das „U Fleku“ die einzige Gasthausbrauerei Böhmens, die bis heute in ihrer ursprünglichen Form erhalten geblieben ist, sondern hier wird auch das typische Prager Schwarzbier gebraut und ausgeschenkt. Trotz seiner schwarzen Farbe - nicht einmal die Schaumkrone ist ganz weiß - besticht dieses Bier doch durch seinen Hopfengeruch, keineswegs riecht es süßlich oder nach Röstmalz. Gegründet wurde das „U Fleku“ bereits im 15. Jahrhundert, seine eigentliche Erfolgsgeschichte begann jedoch im Jahre 1843, als im Zuge des Aufschwungs des Pils das Brauhaus auf Untergärung umgestellt wurde. Heute erfreut sich das Lokal besonders bei Touristen großer Beliebtheit, für Einheimische sind die Bierpreise jedoch fast unerschwinglich geworden.

SOSSE ZU WILD

Zutaten:

500 g	*Wildfleischknochen*
1/4 l	*dunkles Bier*
1/4 l	*Fleischbrühe*
25 g	*Butter*
30 g	*Mehl*
1 Glas	*Portwein*
2 EL	*Preiselbeergelee*
1 TL	*Senf*
1/2	*Zitrone*
1	*Lorbeerblatt*
6	*zerdrückte Wacholderbeeren*
	Salz
	Pfeffer
	Zucker

Zubereitung:

In einem schweren Topf Öl erhitzen, die Wildknochen sehr scharf anbraten, das Lorbeerblatt und die zerdrückten Wacholderbeeren kurz mit anbraten, mit der Fleischbrühe und dem Bier aufgießen, salzen und pfeffern, zugedeckt anderthalb Stunden ganz schwach ziehen lassen.

Durch ein feines Sieb in einen Topf passieren. Die Butter mit dem Mehl verkneten, in die Soße rühren und zehn Minuten kochen.

Dann den Portwein, das Preiselbeergelee, den Senf und den Zitronensaft zugeben. Mit Salz und Pfeffer abschmecken.

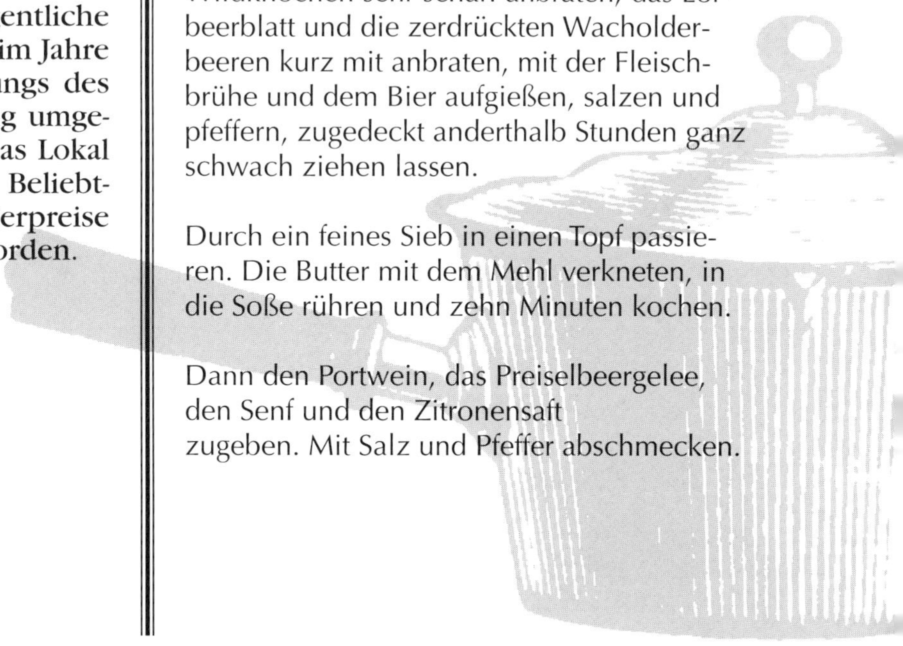

GEMÜSE IN BIERTEIG

Zutaten:

2	*Eier*
200 g	*Mehl*
1/4 l	*helles Bier*
1 EL	*zerlassene Butter*
250 g	*gelbe Rüben*
1	*Knolle Sellerie*
1	*kleiner Blumenkohl*
2	*Zucchini*
	Fritierfett
	Zitronensaft
	Mehl
	Salz
	Pfeffer

Zubereitung:

Die Eier trennen, die Eiweiße zu steifem Schnee schlagen und beiseite stellen.

Aus Mehl, Salz, Eigelb und dem Bier sowie der Butter einen glatten Teig rühren, unbedingt 30 Minuten quellen lassen.

Inzwischen das Gemüse putzen und in kleine Stücke teilen, bis auf die Zucchini in kochendem Salzwasser zehn Minuten blanchieren, kalt abschrecken und gut abtropfen lassen. Die Zucchini in Scheiben schneiden.

Den Eischnee vorsichtig unter den Teig heben, die Gemüsestückchen durch den Teig ziehen und im Fett schwimmend goldgelb backen. Auf Küchenkrepp abtropfen lassen.

VON DER KUNST, EIN GUTES BIER ZU BRAUEN

DAS REINHEITSGEBOT VON 1516

Seit seiner Erfindung erfreute sich das Bier großer Beliebtheit, doch hatte das Bier, das vor 500 Jahren auf deutschem Boden gebraut wurde, mit dem Bier wie wir es heute kennen nicht viel zu tun. Wie wir bereits gehört haben, wurde im Mittelalter viel Schindluder mit dem Bier getrieben. Von den Grundbestandteilen Gerstenmalz, Hopfen, Hefe und Wasser, auf die heute ein jeder Bierbrauer verpflichtet ist, wurde dereinst oft nur das Wasser benutzt. Obwohl sich in guten Bieren schon immer Brotgetreide als Würze fand, waren auch Bohnen und Erbsen als Beigaben nicht selten. Mit den abenteuerlichsten Zutaten versuchte man, seinem Bier einen besonderen Geschmack zu verleihen oder zu vertuschen, daß ein Bier bereits sauer geworden war: Bilsenkraut und andere Kräuter, Kaminruß, Pech oder Ochsengalle landeten nicht selten in den Fässern oder Bottichen einer Brauerei.
Kein Wunder also, daß es schon früh Bestrebungen gab, den Brauern bei ihrer Arbeit auf die Finger zu sehen, war doch der „Genuß" ihres Gebräus nicht selten sogar gesundheitsschädlich! So ordnete Friedrich Barbarossa schon 1156 in seiner „Justitia civitatis Augustensis" Strafen für das Brauen von schlechtem Bier an. In den folgenden Jahrzehnten und Jahrhunderten gab es in mehreren bayerischen Städten Verfügungen, die das Bierbrauen betrafen. Dabei wurde ebensosehr auf die Verwendung angemessener Zutaten wie auch auf die Lagerung des Bieres geachtet. In München erhielt 1363 der

Stadtrat die Bieraufsicht, um die Qualität des Bieres zu kontrollieren. 1487 ließ Herzog Albrecht IV. dann alle Münchner Brauer einen Eid ablegen, mit dem sie sich verpflichteten, nur Gerste, Hopfen und Wasser zur Bierherstellung zu verwenden.
Um die Einhaltung dieser Verordnungen zu gewährleisten, waren in ganz Bayern sogenannte „Bier-Beschauer“ unterwegs, die die Brauereien besuchten, das Bier prüften und probierten. Für sie galten strenge Richtlinien. So durften sie zum Beispiel pro Tag nur sechs Bierproben vornehmen und an diesem Tag nichts essen oder trinken, was ihren Geschmackssinn irgendwie beeinträchtigen könnte. Wer beim Herstellen von minderwertigem Bier erwischt wurde, hatte mit drakonischen Strafen zu rechnen: hohe Geldbußen oder das sofortige Wegschütten des Bieres waren keine Seltenheit. Die härteste Strafe wurde jedoch mit Sicherheit in Regensburg angedroht: Wer dort beim Brauen von schlechtem Bier erwischt wurde, mußte dieses selbst trinken!
So gab es in vielen Städten und Gebieten bereits Gesetze, die das Brauwesen regelten. Für ganz Bayern vereinheitlicht wurden diese am 23. April 1516, als der bayerische Landstädtetag, der aus Vertretern des Landadels und der Ritterschaft bestand, in Ingolstadt zusammentrat. Unter dem Vorsitz des Herzogs Wilhelm IV. wurde ein Reinheitsgebot für alle bayerischen Brauer beschlossen, das noch heute Gültigkeit besitzt und somit die älteste lebensmittelrechtliche Verordnung darstellt. Dieses Reinheitsgebot folgt der bewährten Münchner Regelung und legt fest, daß nur Gerstenmalz, Hopfen und Wasser als Zutaten für das Bier erlaubt sind. Die Hefe wurde erst im 19. Jahrhundert entdeckt - obwohl sie schon seit jeher an der Gärung mitwirkte - und findet deshalb hier noch keine Erwähnung.

GELBERÜBENGEMÜSE

Zutaten:

500 g	*gelbe Rüben*
1 EL	*Butter*
1	*Zwiebel*
1/4 l	*helles Bier*
1 EL	*Stärkemehl*
50 g	*gehobelte Mandeln*
2 EL	*Petersilie*
	Salz
	Pfeffer

Zubereitung:

Die gelben Rüben putzen und in Scheiben schneiden, die Zwiebel abziehen und hacken.

Die Butter in einem Topf erhitzen, die Zwiebeln zugeben und glasig werden lassen, die gelben Rüben zugeben und mitdünsten. Mit dem Bier aufgießen, mit Salz und Pfeffer würzen, im geschlossenen Topf zehn Minuten garen.

Das Stärkemehl in etwas kaltem Wasser glattrühren, zum Gemüse geben, aufkochen. Die Mandelblättchen dazugeben, die Petersilie darüberstreuen.

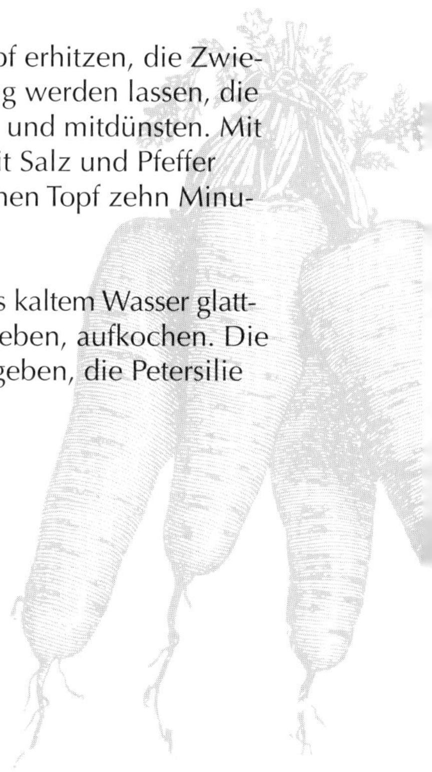

Gemüse

GURKENGEMÜSE

Zutaten:

1 kg	*Gemüsegurken oder Salatgurken*
2 EL	*Butter*
1/8 l	*Weizenbier*
4 EL	*Crème fraîche*
1	*Bund Dill*
	Salz
	Pfeffer

Zubereitung:

Die Gemüsegurken schälen, längs halbieren und mit einem Löffel die Kerne entfernen. In Scheiben schneiden.

Die Butter zerlassen, die Gurken andünsten, mit dem Bier aufgießen und zugedeckt 15 Minuten dünsten.

Den Dill waschen und hacken, mit der Crème fraîche über das Gemüse geben.

Wegen seiner großen Bedeutung für das deutsche Brauwesen sei das Reinheitsgebot von 1516 hier in seiner Gänze abgedruckt: „Wie das pier Summer un winter auf dem Land sol geschenckt und prauen werden. Item Wir ordnen / setzen / unnd wollen / mit Rathe unnser Lanndtschafft / das füran allennthalben in dem Fürstennthumb Bayrn / auff dem Lande / auch in unsern Stettn un Märckthen / da deßhalb hieuor kain sonndere ordnung ist / von Michaelis biß auff Georij / ain maß oder kopff piers über ainem pfenning müncher werung / un von Sant Jorgentag / biß auff Michaelis / die maß über zwen pfenning der selben werung / und derenden der kopff ist / über drey haller / bey nachgesetzter Pene / nicht gegeben noch außgeschenckht sol werden. Wo auch ainer nit Mertzn / sonder annder Pier prawen / oder sonst haben würde / sol Er doch das / kains wegs höher / dann die maß umb ainen pfenning schencken/ und verkauffen. *Wir wollen auch sonderlichen / das füran allenthalben in unsern Stetten / Märckthen / un auff dem Lannde / zu kainem Pier / merer stückh / dan allain Gersten / Hopffen / un wasser / genomen un gepraucht solle werdn.* Welher aber diese unsere Ordnung wissendlich überfaren unnd nit hallten wurde / dem sol von seiner gerichtsobrigkait / dasselbig vas Pier / zustraff unnachläßlich / so offt es geschicht / genommen werden. Jedoch wo ain

Gemüse

Geüwirt von ainem Pierprewen in unnsern Stettn / Märckten / oder aufm lande / jezuzeitn ainen Emer piers / zwen oder drey / kauffen und wider unnter den gemaynen Pawrfuolck ausschenncken würde / dem selben allain / aber sonnst nyemandts / sol die maß / oder der kopff piers / umb ainen haller höher dann oben gesetzt ist / zegeben / un / außgeschencken erlaubt unnd unuerpotn."

Für alle diejenigen, die mit dieser frühneuhochdeutschen Fassung Probleme haben, hier die „moderne" Version:

„Wie das Bier im Sommer und im Winter auf dem Land ausgeschenkt und gebraut werden soll.

Wir verordnen, setzen und wollen mit dem Rat unserer Landschaft, daß forthin überall im Fürstentum Bayern auf dem Lande, wie auch in unseren Städten und Märkten, die keine besondere Ordnung dafür haben, von Michaeli bis Georgi eine Maß oder ein Kopf Bier für nicht mehr als einen Pfennig Münchner Währung und von Georgi bis Michaeli die Maß für nicht mehr als zwei Pfennig derselben Währung und der Kopf für nicht mehr als drei Heller bei Androhung der unten aufgeführten Strafe gegeben oder ausgeschenkt werden soll. Wo aber einer nicht Märzen, sondern anderes Bier brauen oder sonst wie haben würde, soll er dies doch keineswegs höher als um einen Pfennig die Maß ausschenken und verkaufen. *Besonders wollen wir, daß forthin überall in unseren Städten, Märkten und auf dem Lande zu keinem Bier mehr Stücke als allein Gerste, Hopfen und Wasser genommen und gebraucht werden solle.* Wer aber diese Anordnung wissentlich übertritt und nicht einhält, dem soll von seiner Gerichtsobrigkeit dieses Faß Bier zur Strafe unnachsichtlich, sooft es geschieht, weggenommen werden. Jedoch wo ein Gauwirt

SELLERIEGEMÜSE

Zutaten:

500 g	*Sellerie*
1	*Zwiebel*
2 EL	*Butter*
1	*Lorbeerblatt*
1/4 l	*helles Bier*
	Salz
	Pfeffer

Zubereitung:

Den Sellerie schälen, in Stäbchen oder Scheiben schneiden, die Zwiebel schälen, fein hacken und im heißen Fett andünsten. Den Sellerie, das Lorbeerblatt, Salz und Pfeffer zugeben, mit dem Bier aufgießen und zugedeckt 15 Minuten dünsten lassen.

Gemüse

WINTEREINTOPF

Zutaten:

400 g	*Weißkraut*
200 g	*gelbe Rüben*
800 g	*Kartoffeln*
400 g	*geräucherter Schweinebauch*
1	*Gemüsezwiebel*
2 EL	*Schweineschmalz*
1/2 l	*helles Bier*
1/2 l	*Fleischbrühe oder Gemüsebrühe*
1	*Bund Petersilie*
1	*Bund Schnittlauch*
1	*Lorbeerblatt*
	Salz
	Pfeffer

Zubereitung:

Das Weißkraut fein hobeln oder schneiden, die gelben Rüben und die Erdäpfel sowie den Bauchspeck würfelig schneiden, die Zwiebel hacken.

Das Schmalz erhitzen, die Zwiebelwürfel glasig werden lassen, den Speck mitbraten, alle Gemüse zugeben und andünsten.

Mit dem Bier aufgießen, das Lorbeerblatt und Salz und Pfeffer dazu und zugedeckt eine Stunde köcheln lassen. Mit Petersilie und Schnittlauch bestreuen.

von einem Bierbräu in unseren Städten, Märkten oder auf dem Lande einen, zwei oder drei Eimer Bier kauft und ihn wieder an das gemeine Bauernvolk ausschenkt, dem allein, aber sonst niemandem, soll erlaubt und unverboten sein, die Maß oder den Kopf Bier um einen Heller höher als oben geschrieben ist, auszuschenken."
Durch dieses Reinheitsgebot steigerte sich die Qualität des bayerischen Bieres und Bayern schaffte endlich den Anschluß an Norddeutschland, wo man schon länger auf einen hohen Standard beim Brauen achtete.
Auch in anderen Gebieten fanden diese Regelungen bald Freunde und so wurden in den kommenden Jahrhunderten vielerorts Brauordnungen eingeführt, die die Qualität des Bieres kontrollierten. Einige Gebiete übernahmen das bayerische Reinheitsgebot auch völlig. So war es ab 1906 in allen Gebieten des deutschen Kaiserreichs gültig und wurde auch von der Weimarer Republik übernommen, da der Freistaat Bayern 1918 erklärte, er werde der Weimarer Republik nur dann beitreten, wenn diese dafür im Gegenzug das Reinheitsgebot übernehme. So wurde das Bier in diesem Jahrhundert noch zu einem Politikum!
Die im Reinheitsgebot verankerten Grundbestandteile des Bieres finden sich auch in Paragraph 9 des Biersteuergesetzes wieder, in dem es heißt:
„Zur Bereitung von untergärigem Bier darf (...) nur Gerstenmalz, Hopfen, Hefe und Wasser verwendet werden.
Die Bereitung von obergärigem Bier unterliegt derselben Vorschrift; es ist hierbei jedoch auch die Verwendung von anderem Malz und die Verwendung von technisch reinem Rohr-, Rüben- oder Invertzucker sowie von Stärkezucker und aus Zucker der bezeichneten Art hergestellten Farbmitteln zulässig."

Des weiteren verbietet dieses Gesetz, dem Bier nach der Feststellung des Stammwürzegehalts noch Zucker oder Wasser hinzuzufügen, damit sich der Stammwürzegehalt nicht ändert und das Bier einer anderen Steuerklasse zugeteilt werden muß. Auch ist es nicht zulässig, Einfachbier, Schankbier, Vollbier und Starkbier miteinander zu vermischen.
Sogar das Europäische Parlament hat inzwischen deutsches, nach dem Reinheitsgebot gebrautes Bier als traditionelles Lebensmittel anerkannt, eine Ehre, die noch nicht vielen Nahrungsmitteln zuteil wurde.
Gerade in jüngster Zeit ist das deutsche Reinheitsgebot wieder verstärkt in die Diskussion geraten. So wehren sich die deutschen Bierbrauer entschieden gegen das Bestreben der Europäischen Union, sogenannte „Harmonisierungs-Richtlinien" für das Brauwesen in den EU-Mitgliedsstaaten durchzusetzen. In der ganzen EU sollen nämlich einheitliche Vorschriften gelten, was zur Folge hätte, daß auch Biere mit chemischen Zusätzen und anderen Rohstoffen, deren Produktion einfacher und billiger ist, auf dem deutschen Biermarkt zugelassen würden.
Im Jahre 1987 mußte sich sogar der Europäische Gerichtshof mit dem deutschen Reinheitsgebot beschäftigen. Einige europäische Nachbarländer klagten nämlich gegen diese Regelung, da sie sich in ihrem Wettbewerbsrecht beeinträchtigt sahen. Am 12. Mai desselben Jahres fällte daraufhin der Europäische Gerichtshof den folgenreichen Beschluß, von nun an auch anderes Bier, das Zusatzstoffe und unvermälztes Getreide enthält, auf dem deutschen Biermarkt zuzulassen. Allerdings hatten die Kläger nicht mit dem Qualitätsbewußtsein der deutschen Biertrinker gerechnet – das andere Bier wird nämlich kaum gekauft!

ZWIEBELGEMÜSE

Zutaten:

500 g	*Gemüsezwiebeln*
30 g	*Butter*
	Thymian
1/2	*Zitrone*
	Zucker
1 EL	*Mehl*
1/4 l	*Bier*
1	*Bund Petersilie*
	Salz
	Pfeffer

Zubereitung:

Die Zwiebeln abziehen und in Achtel oder Scheiben schneiden.

Das Fett zerlassen, die Zwiebeln zehn Minuten anbraten, mit Salz, Pfeffer, Thymian, dem Saft der Zitrone und dem Zucker würzen. Das Mehl darüberstäuben, weiter dünsten, mit dem Bier aufgießen und 20 Minuten köcheln lassen.

Mit der Petersilie bestreuen.

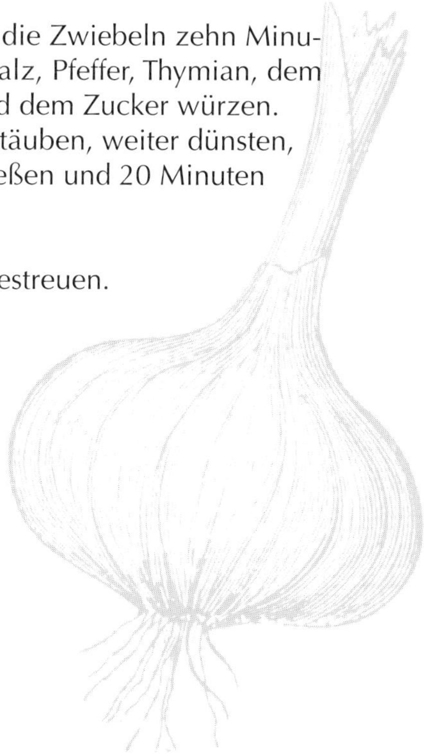

Gemüse

WEISSKRAUT IN BIER

Zutaten:

750 g	*Weißkraut*
100 g	*geräucherter Bauchspeck*
1	*Zwiebel*
1 TL	*Kümmel*
1/2 l	*helles Bier*
1/8 l	*Wasser*
1 EL	*Mehl*
	Zucker
	Obstessig
	Salz
	Pfeffer

Zubereitung:

Das Kraut in feine Streifen hobeln, den Speck in schmale Streifen und die Zwiebel in Würfel schneiden.

Den Speck in einem schweren Topf auslassen, die Zwiebel darin andünsten, den Kümmel dazugeben und alles dünsten, bis es kräftig duftet, dann das Kraut einlegen, noch etwas durchrühren. Mit Salz und Pfeffer würzen, das Bier und das Wasser angießen, den Deckel auflegen und eine Stunde langsam köcheln.

Mit dem Mehl binden, mit Essig und Zucker abschmecken.

DIE ZUTATEN

Nun haben wir also gesehen, welche Zutaten für das Bierbrauen das deutsche Reinheitsgebot bzw. das Biersteuergesetz zuläßt, nämlich Gerste, Hopfen, Hefe und Wasser. Entscheidend für den Brauvorgang ist, daß alle diese Rohstoffe Naturprodukte sind, ihre Qualität also von bestimmten regionalen und klimatischen Bedingungen abhängt. Deshalb auch der unterschiedliche Geschmack von Bieren, selbst wenn sie zur selben Brauerei gehören. Schon der Brauort verleiht einem Bier seine individuelle Geschmacksnote! In den folgenden Abschnitten wollen wir diese Rohstoffe nun einmal genauer unter die Lupe nehmen.

Gerste

Die wichtigsten Getreidesorten sind Gerste, Weizen, Hafer, Roggen, Reis und Mais – und aus jeder von diesen wird irgendwo auf der Welt Bier gebraut! In Deutschland ist aber nur Gerste als Rohstoff zugelassen, für die Herstellung von Weißbier auch Weizen. Doch reicht die in Deutschland angebaute Gerste für die Bierproduktion nicht aus, man muß zusätzlich auf Getreide aus dem Ausland ausweichen. Dänemark, Holland und Belgien stellen dabei die Hauptlieferanten dar.

Durch die Gerste erhält das Bier Vitamine und Mineralien, jedoch muß sie zunächst noch in Malz umgewandelt werden. Das Mälzen ist ein komplizierter und zeitaufwendiger Vorgang und nur noch wenige Großbrauereien verfügen über eigene Mälzereien. In der Regel wird diese Arbeit an spezialisierte Betriebe abgegeben. Die Gerste wird zunächst ein bis zwei Tage in Wasser eingeweicht. Die Folge: die Körner quellen auf. Anschließend wird sie bei Temperaturen von 12 bis 16 Grad Celsius zum Keimen gebracht, dabei muß sie jedoch ständig umgeschichtet werden. Nach einigen Tagen wird das Getreide schließlich getrocknet oder gedarrt, wie es in der Fachsprache heißt. Früher geschah dies über dem offenen Feuer, heute verwendet man dazu Heißluft. Nur das Bamberger Rauchbier wird nach wie vor auf die traditionelle Weise hergestellt - daher auch der charakteristische rauchige Geschmack!
Wie wir bereits gesehen haben, gewinnt man helles Bier aus hellem Malz und dunkles Bier aus dunklem Malz. Wie entsteht nun aber helles bzw. dunkles Malz? Die Färbung des Malzes hängt von der Art und der Dauer des Malzvorgangs ab. So läßt man dunkles Malz länger und heißer, nämlich bei 100 bis 110 Grad Celsius, darren, als helles Malz, für das man eine Temperatur von etwa 80 Grad Celsius benötigt. Die so gewonnenen Malzkörner müssen jetzt nur noch zerkleinert (oder „geschrotet“) werden, und der Brauvorgang kann beginnen!

Hopfen

Die bitter schmeckenden Stoffe des Hopfens verleihen dem Bier seine typische Würze. Dabei wurde er jahrtausendelang gar nicht zum Brauen verwendet, stattdes-

ZWIEBELN UND GELBE RÜBEN

Zutaten:

500 g	*Zwiebeln*
500 g	*gelbe Rüben*
3 EL	*Butter*
1/8 l	*Brühe*
1/8 l	*helles Bier*
1 EL	*Mehl*
1	*Bund Petersilie*
1	*Stengel frischer Estragon*
	Salz
	Pfeffer aus der Mühle

Zubereitung:

Zwiebeln schälen und würfeln. Gelbe Rüben waschen, schälen und in Stifte schneiden. Fett erhitzen, Zwiebeln und gelbe Rüben dazugeben und unter ständigem Rühren fünf Minuten dünsten. Brühe und Bier zugeben, dann Salz, Pfeffer und Estragon. Bei niedriger Hitze eine Viertelstunde kochen lassen.

Mehl mit Wasser verquirlen, unter das Gemüse rühren und das Ganze noch einmal fünf Minuten kochen lassen. Inzwischen Petersilie waschen und fein hacken. Petersilie schließlich unter das Gemüse mischen.

Gemüse

SPARGELPFANNE MIT
BIERSCHAUMSOSSE

Zutaten:

600 g	*neue Kartoffeln*
8	*Stangen weißer Spargel*
2 EL	*Butterschmalz*
50 g	*gehobelte Mandeln*
4	*Eigelb*
100 ml	*Kalbsfond aus dem Glas*
100 ml	*Weizenbier*
1	*Bund Schnittlauch*
	Salz, Pfeffer

Zubereitung:

Den Spargel und die Erdäpfel schälen. Die Erdäpfel in dünne Scheiben schneiden, den Spargel schräg in Scheiben von einem halben Zentimeter schneiden.

In einer großen Pfanne 1 Eßlöffel Butterschmalz zerlassen, die Kartoffelscheiben bei guter Hitze unter Wenden rundum anbraten. Sobald die Kartoffeln halbgar sind, das restliche Butterschmalz zugeben, den Spargel in die Pfanne geben, mit Salz, Zucker und Pfeffer würzen, die Mandelblättchen einstreuen und unter vorsichtigem Wenden fertig garen.

Für den Bierschaum Eigelb mit dem Kalbsfond, Salz und Pfeffer im heißen Wasserbad zu einer dicken Creme aufschlagen. Gerade soviel Wasser aus dem Topf gießen, daß die Cremeschüssel das Wasser nicht mehr berührt sondern im Dampf hängt.
Jetzt das Weizenbier zugießen und mit dem Schneebesen kräftig schlagen bis der Schaum hochsteigt und eindickt.
Den Schnittlauch hacken und unterziehen.

sen wurde auf die unterschiedlichsten Kräuter zurückgegriffen. Die Mönche in den bayerischen Klöstern entdeckten schließlich im Mittelalter den Hopfen für die Braukunst und der Geschmack des Bieres wurde in eine neue Richtung gelenkt. Seine erste Erwähnung findet der Hopfen in Schriften, die unter dem Namen der im Rufe der Heiligkeit stehenden Hildegard von Bingen (1098-1179) überliefert wurden. Dort kommt der Hopfen allerdings nicht sonderlich gut weg. Er trockne, so heißt es, die Eingeweide aus und mache die Menschen traurig und betrübt.
Was ist das nun für eine Pflanze, die im Bier eine so erstaunliche Wirkung entfaltet? Der Hopfen gehört zu den Maulbeerpflanzen, er ist ein Klettergewächs, das bis zu acht Meter hoch werden kann. Dies gestaltet den Hopfenanbau recht aufwendig, da ein kompliziertes Geflecht von Steig- und Laufdrähten nötig ist, um einen optimalen Wuchs zu ermöglichen. Die Qualität des Hopfens wird in Deutschland groß geschrieben, soweit es geht verzichten die Hopfenbauer auf Pflanzenschutzmittel. Geerntet wird Hopfen jeweils Mitte August, für die Bierherstellung sind jedoch nur die nicht befruchteten weiblichen Dolden wichtig. Diese müssen bei etwa 30 Grad Celsius getrocknet werden.
Das gelbe Pulver der Dolden, die Lupulin-Körner (auch Hopfenmehl genannt), ist dabei am wichtigsten, denn es macht das Bier nicht nur haltbar, sondern sorgt auch für sein feines Aroma und trägt zur Schaumbildung bei. Etwa 90 Prozent des deutschen Hopfens kommt übrigens aus Bayern: die Holledau oder Hallertau, eine Landschaft nördlich von München, ist gar das größte Hopfenanbaugebiet der Welt.
Die richtige Dosierung des Hopfens beim Bierbrauen ist eine Angelegenheit, die viel

Ein Brotaufstrich

Erfahrung und Fingerspitzengefühl erfordert. Etwa 20 Prozent der Hopfenbitterstoffe verbleiben letztendlich im Bier. Je mehr Hopfen ein Bier enthält, um so herber und bitterer schmeckt es. Je weniger Hopfen dagegen beim Brauen verwendet wird, um so milder und malziger schmeckt das fertige Bier.

Hefe

Es ist eine fast bizarr anmutende Tatsache, daß Hefe zwar schon seit jeher zum Brauen verwendet wurde, doch daß dies bis vor etwa 200 Jahren niemand wußte! Deshalb ist sie auch nicht im bayerischen Reinheitsgebot von 1516 verankert, wohl aber im Biersteuergesetz. „Entdeckt" wurde die Hefe nämlich erst im 19. Jahrhundert von dem französischen Biologen Louis Pasteur (1822-1895). Doch vorhanden war sie schon immer: Hefepilze sind nämlich überall, sie fliegen in der Luft herum und siedeln sich an allen möglichen und unmöglichen Stellen an, so auch in stehendem Getreidewasser. Es ist kein Wunder, daß Bier zu früheren Zeiten immer dort am besten geriet, wo gleichzeitig auch Brot gebacken wurde, also in Klöstern und Bäckereien. Denn beim Backen treten Hefesporen auf, von denen auch das Bier profitiert.
Was ist nun aber Hefe eigentlich und was bewirkt sie für unser Bier? In einem Satz gesagt: Hefe ist ein einzelliger Mikroorganismus, der für den Alkohol im Bier sorgt. Dies geschieht durch die sogenannte Gärung, die durch die Hefepilze bewirkt wird und die den Malzzucker in Kohlensäure und Alkohol umwandelt.
Es gibt verschiedene Arten von Hefe, die natürlich alle ihre eigenen Geschmacksstoffe bilden. So hängt der Geschmack eines Bie-

OBATZDA – GEHÖRT EINFACH ZUR BAYERISCHEN BROTZEIT

Zutaten:

250 g	*Doppelrahmkäse*
500 g	*Camembert*
	Bier
80 g	*Butter*
2	*Zwiebeln*
	Pfeffer
	Salz
	Kümmel

Zubereitung:

Käse und Butter mit einer Gabel zerdrücken. Zwiebeln sehr klein hacken und zusammen mit den Gewürzen zu Käse und Butter geben. Bier dazugeben, bis sich eine streichfähige Masse bildet.

Kalt servieren.

Achtung: Der Alkohol bleibt hier erhalten!

Nachspeisen

APFELSTRUDEL

Zutaten:

1/8 l	*helles Bier*
300 g	*Mehl*
1	*Ei*
20 g	*Öl*
1/8 l	*Wasser*
80 g	*Butter*
1 1/2 kg	*Äpfel*
100 g	*Butterbrösel*
50 g	*Rosinen*
	Zimt
1/8 l	*Rahm*
100 g	*Zucker*
	Salz

Zubereitung:

Das Bier etwas anwärmen, mit dem Mehl, Salz, dem Öl, dem Ei und dem Wasser sehr sorgfältig zu einem glatten, glänzenden Teig kneten. Den Teig zu einer Kugel formen, diese mit Öl bestreichen und unter einer heiß ausgespülten Schüssel eine halbe Stunde ruhen lassen.

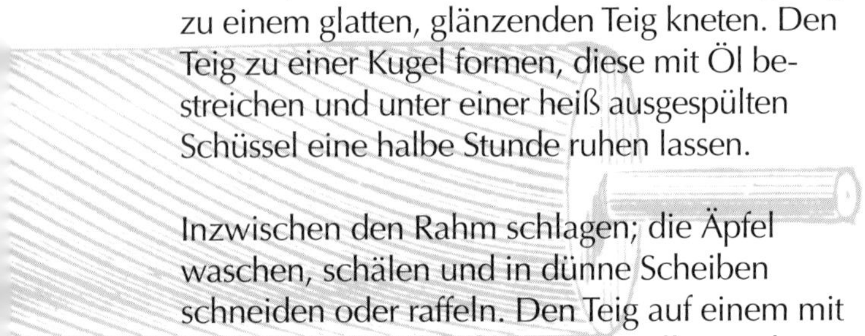

Inzwischen den Rahm schlagen; die Äpfel waschen, schälen und in dünne Scheiben schneiden oder raffeln. Den Teig auf einem mit Mehl bestäubten Tuch dünn ausrollen und ausziehen, die dicken Ränder abschneiden. Die Butter zerlassen, den Teig damit einpinseln, die Äpfel auf dem Teig verteilen und mit den Butterbröseln, Rosinen, Zucker und Zimt bestreuen. Den Schlagrahm zum Schluß darüberstreichen.

Den Teig vorsichtig aufrollen, auf ein gefettetes Backblech legen und bei 200 Grad goldbraun backen. Mit Puderzucker bestreut servieren.

res nicht unwesentlich von der verwendeten Hefe ab. Zwei große Arten von Hefe kennt man: die untergärige und die obergärige Hefe. Die untergärige Hefe beginnt bereits bei Temperaturen von 4 bis 9 Grad Celsius zu arbeiten, ihren Namen trägt sie, weil sie sich nach dem Gärungsprozeß am Boden des Kessels absetzt. Die obergärige Hefe dagegen bildet zusammenhängende Kolonien, die auf dem Sud schwimmen und nach dem Brauvorgang abgeschöpft werden. Sie wird erst bei Temperaturen von 15 bis 20 Grad Celsius aktiv.
Heute greift man natürlich nicht mehr auf die in der Luft vorhandene „wilde" Hefe zurück. Die für das Brauwesen benötigte Hefe wird in speziellen Labors in Reinkulturen gezüchtet.

Wasser

Auch wenn das Wasser hier - wie im Reinheitsgebot - erst an letzter Stelle genannt wird, so ist es doch die wichtigste Zutat des Bieres, macht es doch etwa 85 Prozent des Gerstensaftes aus.
Ist Wasser nun aber gleich Wasser? Rein chemisch gesehen ja, denn Wasser ist die Verbindung von zwei Wasserstoffmolekülen und einem Sauerstoffmolekül, ausgedrückt durch die Formel H_2O. Zu dieser chemischen Verbindung gesellt sich jedoch noch eine Vielzahl von Mineralien und Spurenelementen, die das Regenwasser teils aus der Luft, teils aus der Erde aufnimmt, wenn es versickert. So hat das Wasser an jedem Ort der Erde einen anderen Charakter und diese Unterschiede wirken sich natürlich auch auf das aus dem Wasser hergestellte Bier aus. Wie, das haben wir bereits am „Original-Pils" gesehen, dessen Geschmack entscheidend durch das weiche

Wasser von Pilsen und Umgebung geprägt wurde. Ja, man könnte sogar so weit gehen und behaupten, der gute Ruf des Pilses gründe sich fast ausschließlich auf die Wasserqualität dieser Gegend. In München dagegen ist das Wasser relativ hart, es enthält viele Salze - auch diese natürliche Gegebenheit hat Auswirkungen auf den besonderen Geschmack des Münchner Bieres.

Heute jedoch ist das Grundwasser nicht mehr trinkbar, es muß daher erst aufbereitet werden, bevor es in unsere Wasserleitungen gelangt. Für diese Aufbereitung hat die deutsche Trinkwasserverordnung Richtlinien festgesetzt, die anordnen, daß Trinkwasser farblos, klar, keimfrei und neutral in Geruch und Geschmack sein muß. Seine Temperatur muß 9 bis 11 Grad Celsius betragen. Diesen Vorschriften muß natürlich auch das Brauwasser genügen. Dazu kommt noch, daß der pH-Wert des zum Brauen verwendeten Wassers nicht über 5 liegen sollte, da bei höheren Werten der Abbau von Stärke und Eiweiß nicht so gut vollzogen werden kann. Die Würze wird dann weniger ertragreich und dunkler, der Hopfengeschmack wird kräftiger.

Brauereien stellen deshalb hohe Ansprüche an die Wasserqualität, denn schließlich beeinflußt diese ganz entscheidend die Qualität des hergestellten Bieres. Häufig hat eine Brauerei deshalb ihre eigenen Quellen oder Tiefbrunnen, um ihren Ansprüchen an das Brauwasser gerecht zu werden.

Zusatzstoffe

Die einzigen Zusatzstoffe, die das Biersteuergesetz - und auch nur bei Obergärigem - vorsieht, sind Zucker und Zuckercouleur. Dabei wird der Zucker wie der im Malz ent-

BIER-KAFFEE-CREME

Zutaten:

1/8 l	*Dunkelbier*
3	*Tassen starker Kaffee*
2 cl	*Mokkalikör*
2	*Eigelb*
1 Blatt	*Gelatine*
4	*Eiweiß*
5 cl	*Zuckersirup*
1 EL	*Gelierzucker*
250 g	*Crème fraîche*

Zubereitung:

Kaffee, Likör und Bier in einen Topf geben und zum Kochen bringen. Eigelb schaumig schlagen und die Bier-Kaffee-Mischung unterrühren. Gelatine in Wasser einweichen, dann zur Bier-Kaffee-Mischung geben und rühren, bis die Mischung kalt und fest ist.

Eiweiß zu Eischnee schlagen, Zuckersirup erhitzen und mit Gelierzucker unter ständigem Rühren in den Eischnee geben. Das Ganze in die Bier-Kaffee-Mischung einrühren.

Mit der Crème fraîche vermischen. Vor dem Servieren mindestens zwei Stunden kalt stellen.

Nachspeisen

BIERWINDBEUTEL MIT TOPFENFÜLLE

Zutaten:

250 ml	*Weizenbier*
150 g	*Butter*
150 g	*Mehl*
3	*Eier*
300 g	*Topfen*
100 g	*Honig*
70 g	*Schlagrahm*
	Vanillezucker
	etwas abgeriebene Zitronenschale
	Mandelaroma
	Salz

Zubereitung:

150 Milliliter Bier mit einer Prise Salz und der Butter aufkochen lassen, das Mehl auf einmal hineinschütten und gut durchrühren, bis sich ein Knödel bildet.

Wenn sich der Knödel vom Topfboden gelöst hat, den Teig in eine Schüssel geben, ein Ei sofort unterrühren, Masse abkühlen lassen und die restlichen Eier unterrühren.

Mit dem Dressiersack kleine Windbeutel aufs Backblech spritzen, bei 220 Grad goldgelb backen. Auskühlen lassen. Für die Fülle den Topfen mit allen anderen Zutaten gut durchschlagen und die Windbeutel damit füllen.

haltene Malzzucker bei der Gärung in Alkohol umgewandelt. Zuckercouleur wird dagegen zum Färben verwendet, es verleiht dem Bier eine dunklere Farbe.

DER BRAUVORGANG

Nun wissen wir also genau, welche Zutaten nötig sind, um Bier zu brauen und was diese im einzelnen beim Bier bewirken. Was macht eine Brauerei nun aber mit diesen Zutaten? Werden sie einfach alle in einen Topf gegeben? Wollen wir also als nächstes betrachten, wie der Brauprozeß abläuft, so daß wir am Ende unser Bier genießen können.

Das Mälzen

Wie das Mälzen vor sich geht, haben wir schon kurz gesehen. Zuerst müssen die Gersten- bzw. Weizenkörner zum Keimen gebracht werden, denn bis jetzt sind ihre wertvollen Bestandteile wie Vitamine oder Mineralien noch im Korn verborgen. Dazu wird die Gerste zwei Tage lang in Wasser eingeweicht, bis sie zu keimen beginnt. Der Keimling wächst und durchbricht schließlich die schützende Hülle des Korns. Der wertvolle Inhalt ist nun freigelegt, außerdem waren an diesem Prozeß einige Enzy-

me oder Fermente beteiligt, die Stärke in Zucker verwandelt haben und so weitere wertvolle Stoffe entstehen ließen. Auch wenn dieser Vorgang ein ganz natürlicher ist, wird die Gerste dabei keineswegs sich selbst überlassen. Vielmehr überwacht der Mälzer den Keimvorgang gewissenhaft und sorgt durch eine genau gesteuerte Zufuhr von Sauerstoff und Feuchtigkeit für einen optimalen und reibungslosen Ablauf. Auch die Temperatur muß dabei stets im Auge behalten werden.
Das Getreide ist nun zu Grünmalz geworden, im nächsten Schritt muß es nun wieder getrocknet werden. Diesen Vorgang nennt man in der Brauerei-Fachsprache „Darren". Der eingeleitete Keimvorgang wird dadurch wieder gestoppt, denn schließlich will die Brauerei ja keine neuen Gerstenpflanzen züchten, sondern Bier herstellen. Von der Temperatur beim Darren hängt es ab, ob helles oder dunkles Malz und damit später helles oder dunkles Bier entsteht. Die Enzyme nehmen bei diesem Vorgang übrigens keinen Schaden, sie warten nur darauf, bis sie wieder mit Wasser in Berührung kommen, und werden dann erneut aktiv. Anschließend wird das Malz von den Keimlingen gereinigt und ist nun lagerfest.

Das Maischen

Nun kann der eigentliche Brauvorgang beginnen. Das Malz wird nun in speziellen Mühlen zerkleinert – der Fachmann nennt diesen Vorgang „Schroten" – und der Malzschrot wird vermaischt. „Maischen" ist im übrigen ein altes Wort für „mischen" und genau dies findet hier auch statt: Der Malzschrot wird in einem Bottich, dem sogenannten Maischbottich, mit Wasser vermischt und so lange erwärmt, bis er sich schließlich ver-

BIERKUCHEN

Zutaten:

125 g	*Butter*
250 g	*Zucker*
3	*Eier*
125 g	*Haselnüsse oder auch Walnüsse*
500 g	*Mehl*
1	*Päckchen Backpulver*
1/4 l	*dunkles Bier*
125 g	*Sultaninen*
100 g	*Zitronat*
100 g	*Orangeat*
1 TL	*Zimt*
1	*Messerspitze gemahlene Nelken*

Zubereitung:

Die Butter mit dem Zucker schaumig rühren, die Eier nacheinander zugeben. Das Mehl mit dem Backpulver mischen, auf den Teig sieben, die Nüsse und die Gewürze darübergeben und alles unter den Teig ziehen. Das Bier unterrühren und zum Schluß die kandierten Früchte beigeben.

Eine große oder zwei kleine Kastenformen fetten und mit Semmelbröseln ausstreuen. Bei 160 Grad anderthalb Stunden backen.

Nachspeisen

BIER-CHAUDEAU

Zutaten:

4	*Eigelb*
2 EL	*Zucker*
100 ml	*Weißwein*
1/2 TL	*Zimt*
1/2	*unbehandelte Zitrone*
1/4 l	*helles Bier, am besten Märzenbier*

Zubereitung:

Eigelb mit dem Zucker und dem Weißwein im heißen Wasserbad zu einer dicken Creme schlagen. Die abgeriebene Zitronenschale und den Zimt unterrühren. Im Dampfbad warm halten.

Das Bier angießen und sehr kräftig mit dem Schneebesen schlagen, bis die Masse in der Schüssel schaumig hochsteigt. Weiter schlagen bis der „Bier-Weinschaum" fast steif ist. Vom Herd nehmen und schlagen bis alles lauwarm ist. Sofort servieren.

flüssigt. Diese Erwärmung vollzieht sich in mehreren Schritten, die durch zwei „Verzuckerungsrasten" getrennt werden. Während dieser Verzuckerungsrasten werden dieselben Enzyme aktiv, die schon beim Mälzen geholfen haben, und wandeln die restliche Stärke in Malzzucker um.
Diese Mischung wird nun in den Läuterbottich gegeben, eine Art großes Sieb, in dem die flüssige Würze von dem festen Malzschrot getrennt wird. Dabei setzen sich die unlöslichen Bestandteile (in der Fachsprache „Treber") am Boden des Bottichs ab und bilden so einen Filter. Die Maische wird durch Filter abgelassen und strömt als klare Flüssigkeit heraus: die Würze ist entstanden. Doch auch der Treber ist nicht unnütze, er findet als hochwertiges Viehfutter Verwendung und wird vor allem zum Mästen eingesetzt. Auch das Andechser Brot der Hofpfisterei München, das seit kurzem erhältlich ist, wird aus diesem Biertreber hergestellt.

Der Sud

Aus dem Läuterbottich läuft diese Würze direkt in die Sudpfanne und nun tritt der dritte Bestandteil des Bieres auf den Plan: der Hopfen. Er wird zu der Würze gegeben, beide werden vermischt und etwa eineinhalb bis zwei Stunden gekocht. Durch diesen Vorgang lösen sich die Aromastoffe aus dem Hopfen und verbinden sich mit dem Malzaroma zum typischen Biergeschmack. Auch verdampft nun das Wasser und der Sud wird dicker, die uns bereits bekannte Stammwürze entsteht. Diese wird schließlich noch einmal gefiltert und Hopfen- oder Eiweißrückstände werden beseitigt.

Die Gärung

Die Stammwürze wird nun gekühlt und entweder in offene Gärbottiche oder geschlossene Gärtanks abgefüllt. Der letzte wichtige Bestandteil des Bieres wird zugegeben: die Hefe. Die Dauer des Gärprozesses hängt von der Art der verwendeten Hefe ab, obergärige Biere vergären in etwa zwei bis drei Tagen, untergärige Biere benötigen sieben bis acht Tage. Während dieser Zeit verändert die Hefe die chemische Zusammensetzung der Würze und läßt Kohlensäure und Alkohol entstehen. Unser Bier ist fertig!
Allerdings ist es bis jetzt nur „Grünes Bier" oder „Jungbier" und noch ziemlich ungenießbar. Es muß nämlich erst noch reifen und nachgären. Wie lange dieser Nachgärungsprozeß dauert, hängt von der Art der verwendeten Hefe ab. Obergärige Biere sind schon nach einigen Tagen trinkbar, auf untergärige Biere muß man bis zu sechs Monaten warten. Dann wird das Bier noch einmal gefiltert und schließlich in Flaschen oder Fässer abgefüllt. Nun braucht es nur noch den Weg in unser Glas finden!
Auch wenn der Prozeß des Bierbrauens seit Jahrhunderten gleich abläuft, wird er heutzutage natürlich mit höchstem technischen Aufwand betrieben. Der Brauvorgang wird ständig überwacht, modernste Computer sind Tag und Nacht im Einsatz, um einen reibungslosen Ablauf zu gewährleisten. Es versteht sich von selbst, daß dabei Hygienevorschriften streng eingehalten werden. Nichts ist mehr übriggeblieben von der mittelalterlichen Bierpanscherei und den einfachen Braumethoden. Eines blieb jedoch über die Jahrhunderte erhalten: die ungebrochene Beliebtheit des Bieres!

BIERHEFETORTE NACH ART
DER HENRIETTE LÖFFLER

Zutaten:

125 g	*Butter*
5	*Eier*
1 EL	*Bierhefe*
150 g	*Zucker*
200 g	*Mehl*
1	*Spritzer Rosenwasser*

Zubereitung:

Die zimmerwarme Butter sehr schaumig rühren, die Eier nach und nach unterrühren, den Zucker, das Rosenwasser und die Bierhefe zugeben. Das Mehl unterziehen, nicht mehr rühren. In eine gebutterte Form füllen, an einem warmen Ort gehen lassen bis die Masse deutlich aufgegangen ist.

Bei 175 Grad etwa 40 Minuten backen.

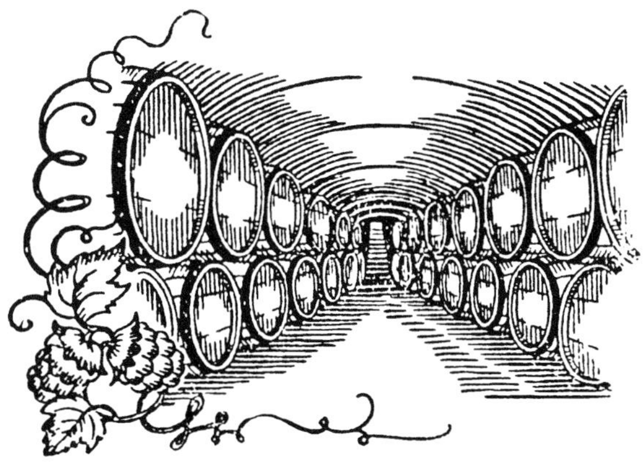

Nachspeisen

HOLLERKÜCHERL

Zutaten:

10-12	*Holunderblütendolden*
200 g	*Mehl*
2	*Eier*
1/4 l	*helles Bier*
	Fritierfett
1 Prise	*Salz*

Zubereitung:

Die Holunderblüten waschen und sehr gut abtropfen lassen. Die Eier trennen, die Eiweiße sehr steif schlagen.

Das Mehl in eine Schüssel sieben, mit dem Eigelb, dem Salz und dem Bier zu einem glatten Teig verrühren. Eine halbe Stunde quellen lassen. Dann den Eischnee unterheben.

Die Blüten durch den Teig ziehen und im heißen Fett goldgelb backen.

WAS EINE KLOSTER-BRAUEREI AUSMACHT

KLÖSTER UND BRAUWESEN

Wie wir bereits gesehen haben, bestand seit jeher eine enge Verbindung zwischen Klöstern und dem Brauwesen. Ursprünglich als Beigabe zu den Mahlzeiten gedacht, erfreute sich das Bier besonders während der Fastenzeit großer Beliebtheit. Biertrinken war erlaubt, denn „Flüssiges bricht das Fasten nicht", und sättigend war es noch dazu.

Seine erste Erwähnung findet das Bierbrauen im Kloster bei Jonas von Bobbio, dem ersten Biographen des iroschottischen Missionars Columban, um das Jahr 640: „Sie brauten sich das Bier aus dem Getreide oder dem Safte der Gerste zum Getränke, welches damals nicht nur bei den skordischen und dardanischen Völkern, sondern auch in Gallien, Britannien, Irland und Germanien und bei verwandten Völkern im Gebrauch war", so heißt es dort. Allerdings wurde zu dieser Zeit vor allem Hafer zum Brauen verwendet, noch nicht Gerste.

Die Mönche benötigten das Bier hauptsächlich zur Bewirtung der Pilger, die im Kloster zur Übernachtung einkehrten. Wasser konnte man damals noch nicht so ohne weiteres trinken, die Gefahr einer Infektion durch Bakterien wäre zu groß gewesen. Auch Wein stellte keine echte Alternative dar, obwohl viele Klöster Weingüter besaßen und Wein herstellten. Doch erwies er sich als zu berauschend, um die durstigen und erschöpften Pilger zu stärken.

Die Klöster hatten also einen großen Bedarf an Bier, teils für den Eigengebrauch, teils für die Bewirtung der Pilger. Zunächst kam das Bier noch über die Fürsten als Abgabe in die Klöster, doch war dieses Bier nicht besonders nahrhaft. Meist handelte es sich um dünnes Haferbier, das weder die Mönche noch die Pilger sättigen konnte. So blieb den Klöstern nichts anderes übrig, als das Bierbrauen selbst in die Hand zu nehmen. Die zu den Klöstern gehörenden Landwirtschaften bauten nun verstärkt Gerste an und viele Klöster verfügten bald über eine eigene Klosterbrauerei. Im Hochmittelalter gab es in Deutschland nicht weniger als 500 Klosterbrauereien, davon 300 allein in Bayern.
Das Braurecht wurde den Klöstern von den Fürsten verliehen. Wer es bekam, durfte wirtschaften wie eine gewerbliche Brauerei. Dabei hatten die Klosterbrauereien jedoch einen entscheidenden Vorteil gegenüber ihrer weltlichen Konkurrenz: Sie wurden nie von einem Brauverbot betroffen, das erlassen wurde, wenn eine Mißernte oder Hungersnot das Land bedrohte. Außerdem war das klösterliche Bier dem weltlichen auch hinsichtlich seiner Qualität bald überlegen, denn die Mönche gingen beim Brauen sehr wissenschaftlich vor und verwendeten nur das beste Getreide.

DER ST. GALLENER KLOSTERPLAN

Wie wichtig die Klosterbrauerei war, sieht man an dem bereits erwähnten St. Gallener Klosterplan, der einzigen erhaltenen Quelle, die bezeugt, wie eine mittelalterliche Klosterbrauerei beschaffen war. Sie umfaßte 40 Gebäude und über 1000 Mön-

ANDECHSER BIERPARFAIT VOM HELLEN BERGBOCK

Zutaten:

4	*Eier*
200 g	*Grießzucker*
0,75 l	*Rahm*
0,25 l	*Andechser Bergbock hell*

Zubereitung:

Den Rahm steif schlagen. Eier aufschlagen und mit dem Zucker im Wasserbad bei ständigem Rühren erwärmen, bis sich der Zucker gelöst hat (bei höchstens 50 Grad), dann schaumig rühren bis die Masse fest und kalt ist.

Den steif geschlagenen Rahm darunterziehen, mit dem Andechser Bergbock hell parfümieren, in Förmchen abfüllen und gefrieren lassen.

Achtung: Der Alkohol bleibt erhalten!

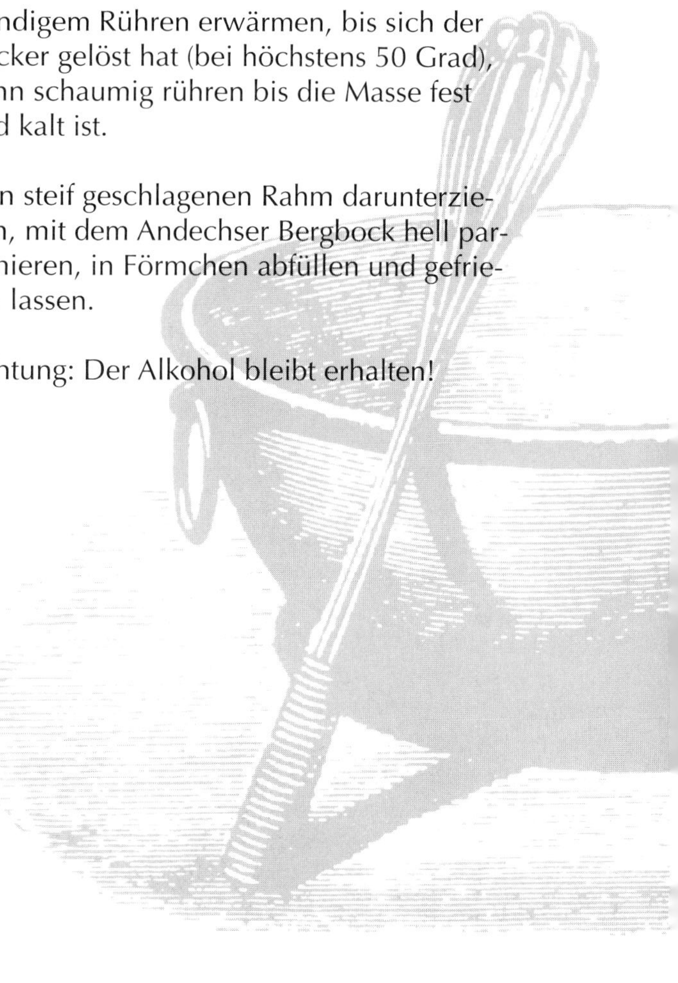

Nachspeisen

PFANNKUCHEN MIT EIS UND ERDBEERSOSSE

Zutaten:

40 g	*Mehl*
1/8 l	*Milch*
1/8 l	*Märzenbier oder anderes helles Bier*
2	*Eier*
	Butter zum Backen
500 g	*Erdbeeren*
1/2 l	*Orangensaft*
2 cl	*Orangenlikör*
1/8 l	*Rahm*
1	*Päckchen Vanillezucker*
1	*Paket Erdbeereis (750 ml)*
	Salz
	Zucker

Zubereitung:

Aus Mehl, einer Prise Salz und Zucker, Milch, Bier und Eiern einen Pfannkuchenteig bereiten, 30 Minuten quellen lassen. Dann den Teig durchrühren, dünne Pfannküchlein backen, warm stellen.

Die Erdbeeren vorsichtig waschen, zupfen, 12 schöne Früchte zum Garnieren zurückbehalten. Den Rest pürieren, durch ein Sieb streichen. Den Orangensaft mit 80 Gramm Zucker aufkochen, den Likör zugeben, kalt werden lassen. Erdbeerpüree und Saft verrühren, in den Kühlschrank stellen.

Den Rahm mit dem Vanillezucker steif schlagen, in einen Spritzbeutel füllen. Auf jeden Pfannkuchen 2 Eiskugeln geben, zusammenklappen, mit halbierten Erdbeeren garnieren, die Soße dazu reichen.

che waren in der Brauerei und auf den Getreidefeldern beschäftigt. Dieser Plan aus dem frühen 9. Jahrhundert sah eine autarke Klosterstadt vor, zu der auch drei Brauereien gehörten. Auch wenn der Klosterplan nie zur Gänze verwirklicht wurde, die Brauereien wurden gebaut und in St. Gallen konnte erstmals in Europa die Bierproduktion in größerem Maße aufgenommen werden. (vgl. Abb. S. 142)
Was macht aber nun eine „richtige“ Klosterbrauerei aus? Nun, zum einen natürlich der Brauereibetrieb selbst, in dem der köstliche Gerstensaft hergestellt wird. Die Pilger wollten natürlich an Ort und Stelle verköstigt werden, deshalb gehören auch Gastronomiebetriebe, in Andechs das berühmte Bräustüberl mit seinem Biergarten, und ein Klostergasthof zu einer Klosterbrauerei. Auch in Andechs findet man diese Komponenten. Wollen wir sie nun ein wenig genauer betrachten.

DIE BRAUEREI

Die Geschichte der Klosterbrauerei Andechs ist so alt wie das Kloster selbst. Als nämlich anno 1455 die ersten Benediktiner aus Tegernsee auf den Heiligen Berg zogen, brachten sie auch die Kunst des Bierbrauens mit. In der Stiftungsurkunde des Klosters ist bereits eine „Tafern“, eine Gastwirtschaft, erwähnt, und es ist anzunehmen, daß wo ein Schank- und Zapfrecht für Bier bestand, auch ein Braurecht vorhanden war. So ist zu vermuten, daß die Entstehung der Klosterbrauerei Andechs direkt mit der Klostergründung zusammenfällt. Erstmalige Erwähnung findet die Brauerei jedoch erst im Dreißigjährigen Krieg.
Diente die Klosterbrauerei zunächst hauptsächlich der Versorgung der Pilger und Wall-

fahrer sowie dem Eigenbedarf der Andechser Mönche, so trat im 19. Jahrhundert ihr wirtschaftlicher Aspekt immer weiter hervor. Modernisierungsmaßnahmen wurden nötig, um mit den neuen technischen Entwicklungen Schritt halten zu können. Prior Magnus Sattler ordnete gegen Ende des 19. Jahrhunderts diverse Um- und Neubauten an: 1893 wurde unterhalb der Alten Apotheke ein neuer Faßstadl erbaut, ein Jahr darauf folgte die Erneuerung des alten Sudhauses. Auch ein eigenes Elektrizitätswerk für die Brauerei und das Kloster wurde eingerichtet.

Kurz darauf machte man eine erschreckende Entdeckung: Der Heilige Berg drohte an der Ostseite abzurutschen. Dies rief natürlich die Behörden auf den Plan, die Stützmauern errichten lassen wollten, um einen Erdrutsch zu verhindern. Doch der Abt Gregor Danner hatte eine bessere Idee: Warum sollte man anstelle einer Mauer nicht gleich ein Haus bauen? Gesagt, getan: In den Jahren 1906 und 1907 entstand an der Ostseite des Heiligen Berges ein siebengeschossiger hochmoderner Stahlbetonbau, der eine neue Mälzerei beherbergen sollte. Die Gefahr war beseitigt, und die Klosterbrauerei profitierte sogar noch davon! Zwischen dieser neuen Mälzerei und den alten Klostergebäuden entstanden ein Kesselhaus und eine Wäscherei, darüber wurde eine Terrasse mit Kastanienbäumen für das Bräustüberl angelegt.

Im Jahre 1925 erstand die Klosterbrauerei Andechs ihre erste Flaschenabfüllmaschine, 1200 Flaschen konnten damit in der Stunde mit dem herrlichen Andechser Bier gefüllt werden. Damals war das eine enorme Arbeitserleichterung, auch wenn zu dieser Zeit nur rund 20 bis 25 Prozent des Bieres die Brauerei in Flaschen verließen. Heute ist es leider genau umgekehrt, nur

OMELETTES MIT PREISELBEEREN

Zutaten:

40 g	*Mehl*
1/8 l	*helles Bier*
1/8 l	*Milch*
2	*Eier*
8 EL	*Preiselbeerkompott*
	Butter
	Puderzucker
1 Prise	*Salz*
1 Prise	*Zucker*

Zubereitung:

Das Mehl mit dem Bier, der Milch, den Eiern, Salz und Zucker zu einem glatten Teig verrühren. Eine halbe Stunde quellen lassen.

Dann in der Butter nicht zu dünne Eierkuchen backen, mit dem Preiselbeerkompott füllen, mit Puderzucker besieben.

Nachspeisen

PALATSCHINKEN BENEDIKT

Zutaten:

100 g	*Mehl*
1/8 l	*helles Bier*
200 g	*Rahm*
2	*kleine Eier*
1 EL	*Öl*
	Butter
400 g	*Erdbeeren*
50 g	*Puderzucker*
4 EL	*Eierlikör*
	Puderzucker
1 Prise	*Salz*
1 TL	*Zucker*

Zubereitung:

Aus Mehl, Bier, einem Achtelliter Rahm, Eiern, Salz, Öl und Zucker einen glatten Teig rühren, 30 Minuten quellen lassen.

Die Erdbeeren vorsichtig waschen, zupfen und halbieren. Ein paar schöne Früchte zum Garnieren zurückbehalten, den Rest mit einer Gabel zerdrücken. Eierlikör, Puderzucker und drei Eßlöffel Rahm unter die Erdbeeren rühren.

Aus dem Teig Pfannkuchen backen, mit der Erdbeermasse füllen, aufrollen und mit der flüssigen Butter bestreichen. Im heißen Rohr einige Minuten überbacken.

noch wenig Bier wird in Fässern geliefert. Zwei Jahre später erhielt die Brauerei eine neue Sudanlage, die den Arbeitsablauf ebenfalls erleichterte.
In den folgenden Jahrzehnten - mit Ausnahme der Zeit des Dritten Reiches - ist die Geschichte der Klosterbrauerei Andechs im wesentlichen von Umbau- und Modernisierungsmaßnahmen geprägt, um der steigenden Nachfrage nach dem Andechser Bier gerecht zu werden.
Mit dem Beginn des Massentourismus Anfang der 70er Jahre wurde Andechs dem Besucheransturm nicht mehr Herr. Mehr Bier mußte hergestellt werden, da mit dem Bekanntwerden des Klosterbräus auch außerhalb der näheren Umgebung die Nachfrage stieg. Doch die beengten Raumverhältnisse des Faß- und Flaschenkellers sowie des Sudhauses mit seinen Gär- und Lagerkellern ließen die erwünschte Produktionssteigerung nicht zu. Man stand schließlich vor einer grundlegenden Entscheidung: Aufgabe des Brauereibetriebs oder Modernisierung und Expansion? Auf Drängen des späteren Priors Pater Daniel Gerritzern wurde schließlich im Jahre 1978 eine neue Brauerei gebaut. Modernste Brautechnologie ist heute in der unauffälligen, mit Holz verkleideten Halle zu finden. 1990 wurde die Flaschenfüllanlage auf den neuesten Stand gebracht, auch hier mußte man mit dem Schritt der Zeit mithalten.
Heute werden jährlich 90 000 Hektoliter Bier in Andechs gebraut, sieben Achtel dieses Ausstoßes gehen in den Vertrieb, das restliche Achtel wird gleich vor Ort konsumiert, im Bräustüberl und seinem Biergarten. Der Ruf des Andechser Bieres hat sich inzwischen über die ganze Welt verbreitet. So stellt zum Beispiel in Milwaukee, der berühmten amerikanischen Brauereistadt, ein vor über 100 Jahren ausgewanderter Braumeister ein

Bier namens „Andekser" her. In Erling und Umgebung ist das Kloster mit seiner Brauerei mittlerweile auch ein bedeutender Arbeitgeber geworden. Dabei ist es jedoch nach wie vor nicht auf Gewinnmaximierung ausgerichtet, sondern trägt seine Arbeitsplätze in erster Linie aus der Verpflichtung zum christlichen Miteinander.

DIE ANDECHSER BIERE

Welche Biere werden nun in Andechs überhaupt produziert? Am berühmtesten ist mit Sicherheit der Andechser Doppelbock, auch wenn ein Großteil der Besucher gar nicht in seinen Genuß kommt. Denn an den Wochenenden des Sommerhalbjahres, wenn sich die meisten Gäste in Andechs und seinem Bräustüberl einfinden, wird dieses starke Bier nicht ausgeschenkt. Auf dem kräftigen rotbraunen Getränk thront ein steifer bräunlicher Schaum, auffällig ist auch der starke Malzgeschmack des Bieres.
Ein weiteres bekanntes Andechser Bier ist das „Andechser Dunkel". Auch dieses mittelbraune Bier riecht und schmeckt sehr malzig und kräftig bitter.
Das mittelgelbe Andechser „Spezial Hell" hat einen Alkoholgehalt von 5,5 Prozent. Es schmeckt süffig und angenehm hopfen-bitter. Auch das „Andechser hell" und der helle „Bergbock" stammen aus der Klosterbrauerei Andechs.
Seit 1993 wird in Andechs schließlich auch Weißbier hergestellt, es ist in hell und dunkel zu haben. Alkoholfreies Bier sucht man auf dem Heiligen Berg jedoch vergebens.
Mit Worten lassen sich die Andechser Biere nur schwer beschreiben, am besten entwickeln sie ihren ureigenen Geschmack in der stilechten Atmosphäre des Bräustüberls - natürlich frisch gezapft!

ROSA WOLKEN

Zutaten:

50 g	*Rosinen*
4 EL	*Rum*
4	*Zitronen*
1/2 l	*helles Bier*
2 EL	*Himbeersirup*
10	*Blatt rote Gelatine*
1/8 l	*Rahm*
1	*Scheibe Pumpernickel*
2 EL	*Zucker*

Zubereitung:

Die Rosinen waschen, trocknen und im Rum zwei Stunden einweichen. Die Zitronen ganz schälen, in Filets teilen und auf vier Dessertgläser verteilen.

Das Bier mit den Rosinen, dem Zucker und dem Himbeersirup erhitzen, aber nicht kochen. Die Gelatineblätter in kaltem Wasser einweichen, nach zehn Minuten ausdrücken und in dem warmen Bier auflösen. Auf die Zitronenfilets geben und im Kühlschrank fest werden lassen.

Den Rahm steif schlagen und das Gelee verzieren, mit dem geriebenen Pumpernickel bestreuen.

Mixgetränke

EIN WORT ZUVOR

Schon die bloße Erwähnung des Wortes „Mixgetränke" in einem Bierkochbuch bringt vermutlich den ein oder anderen Bier-Puristen auf die Palme: Grenzt es doch an Frevel, den Gerstensaft mit anderen Getränken zu vermischen und ihm so seinen ganz speziellen und hochgeschätzten Geschmack zu nehmen!
Doch unbestreitbar lassen sich mit Hilfe von Bier eine Reihe neuer interessanter Getränke kreieren, die deswegen nicht schlecht schmecken, sondern im Gegenteil vom aromatischen Geschmack des Bieres profitieren. Für Autofahrer, die nicht völlig auf Alkohol verzichten wollen, für die eine ganze „Halbe" aber schon zuviel ist, können außerdem solche Mixgetränke eine angenehme Alternative darstellen.

DER BIERGARTEN

Selbst wenn wahre Kenner des Andechser Klosterbräus ihr Bier lieber im Inneren des Bräustüberls genießen - so sitzen sie unmittelbar an der Quelle - braucht eine gute Klosterbrauerei - und so natürlich auch Andechs - doch auch einen Biergarten. Was gibt es Schöneres, als an einem warmen Sommertag mit einem kühlen Bier in der Hand dazusitzen und den traumhaften Ausblick auf die malerische Voralpenlandschaft zu genießen? Nach drei Richtungen - Norden, Süden und Osten - bieten die Terrassen des Andechser Bräustüberls diese Aussicht. Ein wenig Geduld muß man jedoch schon mitbringen - herrscht in diesem Biergarten doch Selbstbedienung und an einem Hochsommerwochenende kann es schon einmal passieren, daß man ein wenig auf seine Erfrischung warten muß.

DAS BRÄUSTÜBERL

Eine Braustube braucht jede Klosterbrauerei, damit Besucher ihr Produkt gleich an Ort und Stelle frisch aus dem Faß genießen können. So bildet auch das Andechser Bräustüberl das Herz - man könnte auch sagen die Visitenkarte - der Klosterbrauerei. Das alte, ursprüngliche Bräustüberl war klein, der große Ofen in der Mitte beherrschte den Raum geradezu. Massive Möbel und ein Fichtenfußboden trugen das ihre zur Atmosphäre des Bräustüberls bei. Dieses findet sich übrigens auch in der bayerischen Literatur verewigt, läßt doch Ludwig Thoma seinen „Postsekretär im Himmel" vom Andechser Bräustüberl als dem „Paradies auf Erden" träumen.

Herr des Bräustüberls war seinerzeit der Braumeister. Gar mancher von ihnen ist in die Chronik der Klosterbrauerei eingegangen. So auch Frater Jakob Neubauer, der selbst täglich stolze 15 Maß seines Gerstensaftes zu sich nahm. Da er jedoch auch ein gehorsamer Ordensmann war, beschränkte er sich in der Fastenzeit auf fünf Maß pro Tag. Zur Legende wurde die Offenheit dieses Braumeisters. So soll sich bei einem Besuch des Prinzen Ludwig, der später als Ludwig III. der letzte König Bayerns werden sollte, in Andechs folgendes zugetragen haben: Der Prinz stattete mit seiner Gemahlin dem Bräustüberl einen Besuch ab, konnte jedoch weder im Haus noch im Garten einen Platz finden. Als er daraufhin den Frater Jakob bat, Sitzplätze für ihn zu besorgen, erwiderte dieser nur, die königlichen Hoheiten sollten sich wie andere Menschen auch ins Gras setzen. Was der Thronfolger möglicherweise - und nicht ganz zu Unrecht - für eine Respektlosigkeit gehalten haben mag, muß dem ursprünglichen Gefühl des offenherzigen Braumeisters entsprungen sein: Vor dem Bier sind alle Menschen gleich!

Mit der Zeit nahm der Ausflugsverkehr nach Andechs zu, und das Bräustüberl war bald nicht mehr in der Lage, den Ansturm an Pilgern und Ausflüglern zu beherbergen. Deshalb wurde es 1938 nach Plänen des Architekten Georg Maria Kronenbitter um das Doppelte vergrößert.

Die klosterfeindliche Politik des Dritten Reiches blieb natürlich auch für das An-

RADLER

Zutaten:

1/4 l	*helles Bier*
1/4 l	*Zitronenlimonade*

Die Radlerhalbe ist ein besonders erfrischendes und durstlöschendes Getränk, das am besten nach körperlicher Betätigung schmeckt – auch wenn es sich dabei nicht unbedingt um Radfahren handeln muß. In einer guten Limonade sind nämlich viel Zucker und Vitamin C enthalten, die die Leistungsfähigkeit erhöhen. Seinen Namen erhielt das Getränk übrigens aus einer Notlage heraus: Der Gastwirt Franz Xaver Kugler, der in Deisenhofen eine Wirtschaft namens „Kugleralm" betrieb, ließ im Jahre 1922 einen Radweg zu dieser Wirtschaft legen, um seinen Umsatz etwas anzukurbeln. Doch dann brach ein solcher Ansturm über ihn herein, wie er es in seinen kühnsten Träumen nicht zu hoffen gewagt hatte. Um die 13 000 (!) Radler fielen an diesem Tag auf der Kugleralm ein. Damit hatte Franz Xaver Kugler nicht gerechnet – das Bier ging ihm aus! So mischte er das Bier kurzerhand mit Zitronenlimonade und behauptete, dies sei ein speziell für Radfahrer erfundenes Getränk – eben ein Radler!

Mixgetränke

RUSS'

Zutaten:

1/4 l	*Weizenbier*
1/4 l	*Zitronenlimonade*

Woher der Russ' seinen Namen hat, ist unbekannt, in Osteuropa dürfte dieses Mixgetränk nämlich relativ unbekannt sein. Nicht so in Bayern, wo es wie das Radler ein beliebtes Getränk ist, um nach dem Wandern oder Sporteln wieder Energie zu tanken.

dechser Bräustüberl nicht ohne Folgen. Zunächst wurde es verpachtet, die Mönche waren nicht länger mit dem Ausschank betraut – bis heute ist es dabei geblieben. In den Kriegsjahren diente das Bräustüberl einer Reihe von Unternehmen als Zufluchtsstätte, so beherbergte es unter anderem eine Münchner Großbank und eine Firma für Zahnersatz. Auch wertvolle Stücke aus verschiedenen bayerischen Museen wurden vorübergehend nach Andechs gebracht, um sie vor einer Zerstörung durch den Bombenhagel zu bewahren.
Erst am 19. März 1952 wurde das Andechser Bräustüberl wieder eröffnet. So groß war der Ansturm der Besucher, daß es bereits knapp zwanzig Jahre später erneut vergrößert werden mußte. Mit dieser Wiedereröffnung zog auch Abwechslung in den Speiseplan des Bräustüberls ein. Konnte man sich früher dort nur an Schwarzbrot, Klosterkäse und Radi – zu hochdeutsch „Rettich" – laben, begann das Bräustüberl ab dem Jahre 1952 seine Gäste auch mit anderen Schmankerln zu verköstigen: Ripperl, Würste, Schinken, Eier, Butter, verschiedene Käsesorten und natürlich eine echte bayerische Schweinshaxe vom Grill mit Sauerkraut oder Kartoffelsalat lassen den Besuchern das Wasser im Munde zusammenlaufen. Süßigkeiten, Tabakwaren und Ansichtskarten, mit denen man die Daheimgebliebenen herzlich grüßen kann, vervollständigen heute das Angebot des Bräustüberls. Und natürlich das Bier! Der Andechser Doppelbock ist in aller Welt bekannt – ja, sogar in aller Munde! Doch kann sich selbst ein so traditionsbewußter Betrieb wie eine Klosterbrauerei nicht völlig gegen Modernisierungsmaßnahmen verschließen. So kam vor einigen Jahren das Aus für die Holzfäs-

Mixgetränke

ser im Bräustüberl. Statt dessen wird das Bier nun vom Lagerkeller durch eine Pipeline ins Bräustüberl gepumpt.
Heute ist das Bräustüberl zu einer Touristenattraktion geworden und fast noch bekannter als das Kloster selbst. 30 Höhenmeter vom Parkplatz gelegen bildet es für viele Besucher bereits den Endpunkt ihres Ausflugs nach Andechs. Erfrischung und Erholung locken besonders in einer Zeit, in der immer mehr Wert auf Genuß gelegt wird. Studenten und Yuppies, Betriebsausflüge und Bundeswehrsoldaten, Familien und Rentner, Einheimische und Touristen – es gibt kaum eine Bevölkerungsgruppe, die nicht im Andechser Bräustüberl vertreten ist!
Selbstbedienung gab es im Andechser Bräustüberl übrigens schon lange, bevor dies modern wurde. Der Vorteil: Niemand wird am Ende eines bierseligen Tages von einer hohen Bierrechnung überrascht! Der Nachteil: Ein wenig Geduld muß man manchmal schon mitbringen, bis man endlich an der Reihe ist.
Eine besondere Spezialität des Bräustüberls ist der Andechser Käse, ein spezieller Romadur, dessen Geruch manch einer empfindsamen Nase in unangenehmer Erinnerung geblieben ist. Nicht so aber der Geschmack! Am besten mundet er mit Pfeffer und Salz und einer Breze, auch wenn Puristen behaupten, der Andechser könne nur mit einem einfachen Butterbrot richtig genossen werden. Dazu eignet sich natürlich am besten das Andechser Brot, das seit kurzem vom Kloster Andechs in Zusammenarbeit mit der Hofpfisterei München angeboten wird. Das dunkle, deftige Roggenbrot enthält unter anderem Biertreber, das Naturprodukt aus Gerste, das im Sudhaus der Brauerei entsteht. Alle übrigen Rohstoffe und Zutaten des

BIER-GROG

Zutaten:

1 1/2 l	*dunkles Bier*
	Schale einer unbehandelten Zitrone
3 EL	*Zucker*

Zubereitung:

Bier mit Zitronenschale und Zucker erhitzen. Gläser mit dem Rand erst in Bier, dann in Zucker tauchen, so daß sie einen Zuckerrand erhalten.

EIERBIER

Zutaten:

4	*Eigelb*
1 EL	*Puderzucker*
1 l	*helles Bier*
1	*Stück Schale von einer unbehandelten Zitrone*
1	*Zimtstange*

Zubereitung:

Eigelb mit dem Puderzucker verquirlen. Bier mit der Zitronenschale im Wasserbad erhitzen, aber nicht zum Kochen bringen. Durch ein Sieb gießen und zurück ins Wasserbad stellen. Eigelb unter ständigem Rühren zugeben, bis das Getränk schäumt. Dann sofort servieren.

Mixgetränke

BIERBOWLE

Zutaten:

400 g	*eingelegte Sauerkirschen*
1	*unbehandelte Zitrone*
250 g	*Zucker*
3/8 l	*Kornbranntwein*
2 1/2 l	*helles Exportbier*

Zubereitung:

Kirschen auf ein Sieb geben und abtropfen lassen. Zitrone schälen. Kirschsaft mit Zucker und der Zitronenschale verrühren, kurz aufkochen und erkalten lassen. Kirschen mit Korn, Kirsch- und Zitronensaft sowie einem halben Liter Bier mischen und eine Stunde kaltstellen. Mit dem restlichen eisgekühltem Bier auffüllen.
Auch die Andechser Benediktiner pflegen an Silvester und zum Fasching eine Bierbowle zu trinken.

Andechser Brotes stammen aus ökologischem Landbau. Auch das Backen ist übrigens fest in der klösterlichen Tradition verwurzelt. So verfügte Kloster Andechs seit Anbeginn über eine eigene Bäckerei, in der nicht nur das Brot für den Hausgebrauch hergestellt wurde, sondern die auch Nahrungsmittel für die Armen lieferte. Jahrhundertelang war diese Klosterbäckerei in Betrieb, kurz nach Ende des Zweiten Weltkriegs wurde sie jedoch geschlossen. Wer seinen Andechs-Besuch stilecht abschließen will, kann schließlich noch eine Prise Andechser Schnupftabak – den „Kloster Andechs Spezial Snuff" – zu sich nehmen. Die Kräuter, die dem Tabak sein besonderes Aroma verleihen, stammen aus dem Klostergarten, die Hefe zu seiner Fermentierung aus der Klosterbrauerei. Und noch etwas läßt das Bräustüberl einzigartig in der bayerischen Biergartenlandschaft werden: „Das Körberl" – zu hochdeutsch „Körbchen". Besucher des Bräustüberls können sich nämlich ihr Essen von zu Hause mitbringen, ob dies nun in einem Körberl getan wird oder nicht, spielt dabei keine Rolle. Mit diesem besonderen Ausdruck benediktinischer Gastfreundschaft wird gezeigt, daß es dem Bräustüberl nicht nur auf reine Geschäftemacherei ankommt, sondern daß das gesellige Zusammensein ebenso wichtig ist!

DER KLOSTERGASTHOF

Zu einem Kloster gehört natürlich auch ein Gasthof, der die Pilger beherbergt und verköstigt. So ist auch in der Stiftungsurkunde von Andechs aus dem Jahre 1455 bereits eine „Tafern", eine Gastwirtschaft, erwähnt. In einem Kloster mit eigener

Mixgetränke

Brauerei wurde hier natürlich das Klosterbräu ausgeschenkt. In erster Linie diente der Klostergasthof als Herberge für Pilger, benötigten diese doch auf ihren langen Reisen ein schützendes Dach über dem Kopf. Den Andechser Klostergasthof erwarben die Benediktiner im Jahre 1929. Nach dem Zweiten Weltkrieg erfuhr auch er umfassende Umbaumaßnahmen. So wurden neue Gästezimmer gebaut und der große Saal wurde restauriert. Am 11. April 1954 konnte der Gasthof schließlich neu eröffnet werden. Heute dient er nicht mehr nur der Bewirtung. Veranstaltungen und Tagungen zu verschiedenen Themen finden hier statt, der Klostergasthof wurde auch zu einem wichtigen sozialen Zentrum.
Doch der Klostergasthof auf dem Heiligen Berg ist nicht der einzige Gasthof des Klosters Andechs. Als das Brauwesen als Einnahmequelle der Klöster zunehmend

JOGHURTBIER (4 GLÄSER)

Zutaten:

1/2 l	*helles Bier*
600 g	*Joghurt*
2 TL	*Honig*
1	*unbehandelte Zitrone*

Zubereitung:

Zitrone auspressen. Zitronensaft mit Bier, Joghurt und Honig in einen Mixer geben und mixen. In vier hohe Gläser füllen.

Mixgetränke

HONIGBIER

Zutaten:

1/2 l	*Bier*
2 EL	*Honig*
50 g	*Hafermehl*
1	*doppelter Whiskey*

Zubereitung:

Bier mit dem Honig erhitzen. Hafermehl mit etwas Bier anrühren, dann zu dem Bier mit Honig geben und rühren. Kalt stellen. Vor dem Servieren Whiskey hinzugeben.

SCHAUMBIER

Zutaten:

4	*Eier*
1 l	*helles Bier*
100 g	*Zucker*
	abgeriebene Schale einer unbehandelten Zitrone

Zubereitung:

Eier aufschlagen und in einen Topf geben. Bier, Zucker und Zitronenschale dazugeben. Unter ständigem Rühren erhitzen, jedoch nicht zum Kochen bringen. Den Topf vom Herd nehmen, noch kurze Zeit weiterrühren. In Gläser füllen und servieren.

wichtiger wurde, sahen sich die Brauereien nach Wegen um, ihr Produkt zu vertreiben. Sie erwarben Gasthöfe, in denen ihr Bier ausgeschenkt wurde. Bereits zu Beginn dieses Jahrhunderts begann Andechs daher, zusätzliche Gasthöfe in der näheren Umgebung des Klosters zu erstehen. Heute gehören dazu der „Erlingerhof" in der Mitte des Dorfes und der „Andechser Hof" in Tutzing. Bereits im Jahre 1891 war in München eine Wirtschaft eröffnet worden, in der das Andechser Klosterbier getrunken werden konnte, ganz in der Nähe des Hofbräuhauses am Platzl gelegen. Heute wird das Bier in München im „Andechser am Dom" ausgeschenkt, direkt hinter der Apsis der Frauenkirche.
Die Klosterbrauerei Andechs hat also alles, was eine Klosterbrauerei ausmacht: Brauereibetrieb, Biergarten, Bräustüberl und einen Klostergasthof. Nimmt man dazu noch den weiß-blauen bayerischen Himmel, die malerische Voralpenlandschaft und die benediktinische Gastfreundschaft, so kann man mit Fug und Recht behaupten, daß die Klosterbrauerei Andechs in einzigartiger Weise die Vorzüge und Eigenheiten Oberbayerns in sich vereinigt.

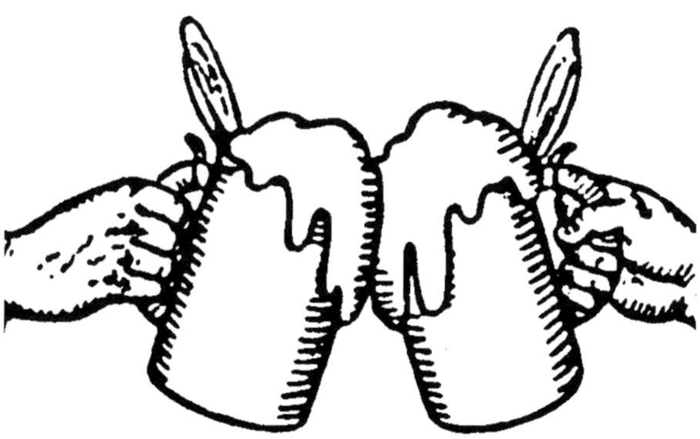

Braukunst und Lebenskultur

Einen sehr guten Einblick in die Tradition und Kultur der mönchischen Braukunst gibt ein bereits 1993 von Pater Anselm Bilgri vor dem „Bremer Tabak-Collegium“ gehaltener Vortrag, den er wegen seiner grundsätzlichen Bedeutung für unser Buch auf den neuesten Stand gebracht hat. Er leistet auch eine gute Zusammenfassung der vorhergehenden Kapitel.

Mönchische Braukunst“ ist mein Thema. Gleich mit dem Titel ergeben sich zwei Fragen: Ist das Geschäft des Bierbrauens eine Wissenschaft, ein Handwerk, eine künstlerische Betätigung? Ist damit Bier – übrigens nach bayerischer Gesetzgebung ein Lebens- und kein Genußmittel – in seinem heutigen Geschmack bloßes Produkt von Forschung und Lehre unserer hochspezialisierten Universitätslaboratorien und -lehrstühle, auf deren Kathedern übrigens, wie im ehemaligen Benediktinerkloster Weihenstephan, die Bierpäpste ihre unfehlbaren Dogmen des Bierbrauens verkünden?
Oder ist Bier das Ergebnis jahrhundertelangen Ausprobierens, Verschmeckens und Verkostens einer langen Reihe von Braumeistern? Eines Titels übrigens, der noch heute einer der ehrenvollsten Titel ist, mit denen die hohen Mitglieder der Brauerzunft sich schmücken mögen. Ist es gar ein Artefakt, ein Kunstwerk, hergestellt nach allen Regeln der Kunst, geformt, geschliffen und poliert, von hoffentlich kundigen Wirten dem trinkenden Gast nach Freundesart kredenzt, so daß das Kunstvolle des aus besten Rohstoffen hergestellten Gerstensaftes verspürt werden kann?
Und dann – was haben wir Mönche des Christlichen Abendlandes damit zu tun? Ich wage es, das Mönchtum der östlichen Religionen, des Buddhismus und Hinduismus, auch die Derwische des Islam zu vernachlässigen; mir ist nicht bekannt, daß dort in den Klöstern und Tempeln das Bierbrauen gepflegt wird. Genausowenig wie in den großen Heiligtümern des Orthodoxen Christentums. Dort waren die Klöster Horte der mortificatio, der Abtötung, der contemplatio, der beständigen Schau ins himmlische Jerusalem und der separatio mundi, der Trennung von der Welt, in einem viel radikaleren und schärferen Sinn als unser westliches Mönchtum je wollte und konnte.
Von Anfang an waren die Zönobien der lateinischen und germanischen Tradition Zentren der Erziehung, der Bildung und der Wissenschaft. Mission und Seelsorge wurde von den Klöstern aus betrieben, damit einher ging jenes Phänomen, das die aktuelle Theologie „Akkomodation“ nennt: das heißt, vorhandene Formen des Lebens

und der Kultur wurden geprüft auf ihre Brauchbarkeit für die Verkündigung der christlichen Heilsbotschaft und dann, wenn diese Prüfung bestanden war, in die eigene Lebensform und -weise aufgenommen.
Mönche sind im strengeren Sinne auch nach modernem katholischen Verständnis Angehörige jener Orden, die vor der Armutsbewegung des 13. Jahrhunderts, also vor Franz von Assisi und Dominikus, entstanden waren.
Der Fachbegriff der Zeit vor der Säkularisation dafür lautete: Prälatenorden. Es sind dies die Benediktiner und ihre Reformzweige der Zisterzienser und Trappisten. Dazu zählen aber auch nicht-mönchische Ordensgemeinschaften wie die Augustiner-Chorherren und Prämonstratenser, die größten Wert darauf legen, daß sie keine Patres, sondern Herren sind und als solche angesprochen werden wollen. Gemeinsam aber ist diesen alten Orden, daß sie als klösterliche Familie zusammenleben, unter einem äbtlichen Leiter, dem mit den Insignien von Hirtenstab und Inful ausgestatteten Prälaten, und daß sie sich als Gemeinschaft an einem bestimmten Ort niedergelassen haben und oft ununterbrochen – wie etwa im Stift Kremsmünster in Oberösterreich seit dem Jahre 777, also über zwölfhundert Jahre – leben, beten und arbeiten. Diese Ortsbeständigkeit, stabilitas loci, trug das ihre dazu bei, daß sich in diesen Klöstern, Stiften und Abteien neben Kunst und Bauwerken, Sammlungen und Bibliotheken eben auch die Brauereien erhalten haben. Die sich selbst so bezeichnende älteste Brauerei der Welt im vorher schon genannten Kloster Weihenstephan führt die Jahreszahl 1040 in ihrem Wappen. Diese Jahreszahlen geben meist nur das Datum der ersten urkundlichen Erwähnung wieder. Die Braukunst war schon vorher – vielleicht jahrhundertelang

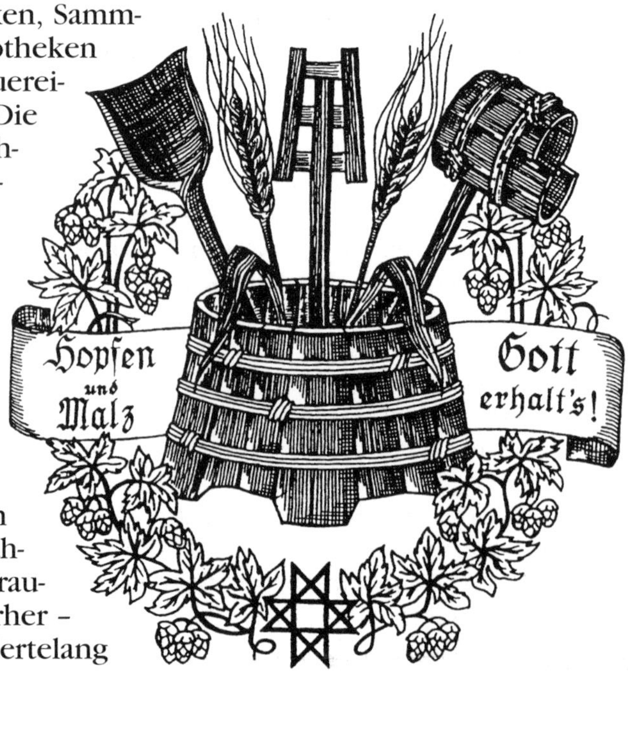

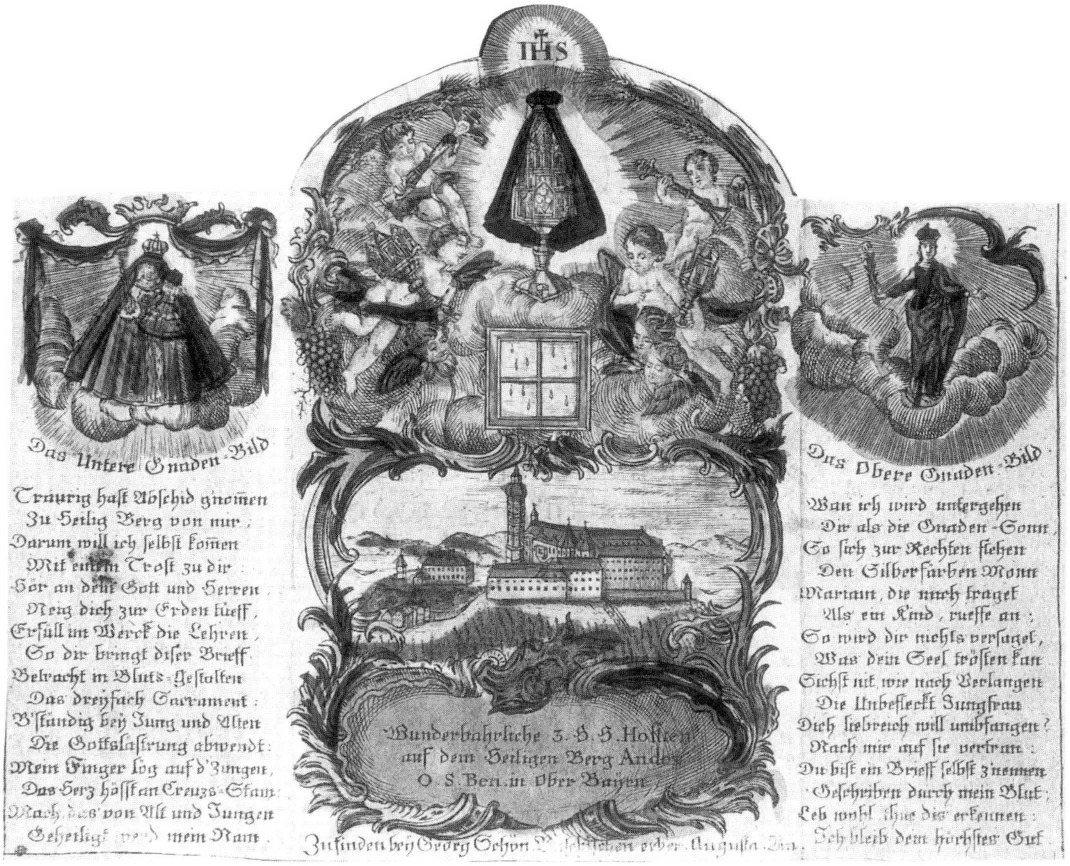

Der sogenannte „Brief“: ein gedrucktes Andachtsbild in Form eines Hausaltärchens zur Erinnerung für Andechs-Pilger

– ausgeübt worden. So auch bei uns in Andechs. Bei der Gründung des Klosters im Jahre 1455 hatte Herzog Albrecht III. von Bayern (der Gatte der Agnes Bernauerin) das bestehende Schankrecht in der Tafernwirtschaft auf dem Heiligen Berg bestätigt und auf das Kloster übertragen.

Auf die Etiketten der alten Bügelverschlußflaschen hatte mein Vorvorgänger Pater Willibald Mathäser (aus der alten Münchner Brauerfamilie, die ihre große Brauereigaststätte am Stachus betrieb, bevor sie an Löwenbräu verkauft wurde – heute entsteht dort ein „Multiplex-Kino“), noch das Todesjahr des legendären Ahnherren der Andechser Grafen, des seligen Rasso, nämlich das Jahr 953, drucken lassen.

Dies war vor dem harten Wettbewerb unserer Tage, dem auch wir als Teil des freien Marktes angehören, noch leichter möglich.

Damit gleich ein Ausblick in die derzeitige Situation: Die Bezeich-

nung Klosterbrauerei darf jede Brauerei führen, die ihre Tätigkeit ununterbrochen auf ein früher bestehendes Kloster zurückführen kann, oder deren Besitzer eine Ordensgemeinschaft ist. Echte Klosterbrauereien in diesem strikten Sinne gibt es zur Zeit noch fünf, alle liegen im Freistaat Bayern: zwei Frauenklöster - Mallersdorf und Ursberg -, drei Männerklöster - Kreuzberg in der Rhön, Ettal und Andechs. Wobei wir in Andechs einen Jahresausstoß von circa 90 000 Hektolitern produzieren, die anderen zwischen 2 000 und 15 000 Hektolitern. Man muß nicht viel von der speziellen Betriebswirtschaft einer Brauerei verstehen, um vorauszusehen, daß über kurz oder lang vielleicht nur noch Andechs übrigbleiben wird auf einem einst blühenden Sektor unserer Branche. Erst Ende der sechziger Jahre haben die letzten der neun bayerischen Benediktinerabteien ihre Brauereien geschlossen. Hohe Investitionskosten, Wettbewerbsdruck von außen, Mangel an klostereigenem Personal, aber auch eine im Zuge der Erneuerung nach dem Zweiten Vatikanischen Konzil erfolgte Betonung der seelsorgerlichen und schulischen Aufgaben bereiteten einer jahrhundertealten Tradition das Ende. Es ist nicht verwunderlich, daß jetzt, 30 Jahre später, verursacht durch zurückgehende Schülerzahlen, viele Mitbrüder dem Malzgeruch auf ihrem Klostergelände nachtrauern. „Laß fahren dahin" - ein billiger Trost, den Dante geben kann.
Lassen Sie mich nun zurückgehen an die Wurzeln unseres eigenen Ordens, des Benediktinertums. Gemeinhin wird unsere Geschichte und Tradition mit dem Begriff des Christlichen Abendlandes in einem Atemzug genannt. Das Jahr 529 gilt als das Ende der Antike und der Beginn des Mittelalters. In diesem Jahr schließt die berühmte platonische Akademie in Athen ihre Pforten und der heilige Benedikt gründet sein Kloster auf dem Monte Cassino. Benedikt von Nursia ist Italiener aus Umbrien, und so findet in seiner berühmten 73 Kapitel umfassenden Regel nicht das Bier Erwähnung, sondern der Wein. Lesen wir den Anfang des 40. Kapitels, das sich mit dem Maß des Getränks für den Mönch befaßt:
„Jeder hat seine besondere Gabe von Gott, der eine diese, der andere jene. Deshalb bestimmen wir nur mit einigem Bedenken das Maß der Nahrung für andere. Indessen glauben wir mit Rücksicht auf die Unzulänglichkeit der Schwachen, daß eine Hemina Wein für jeden täglich reichen sollte. Wem Gott aber die Kraft gibt, sich davon zu enthalten, der wisse, daß er einen besonderen Lohn empfangen wird. Sollten jedoch die Ortsverhältnisse, Arbeit oder Sommerhitze mehr fordern, so ist das dem Ermessen des Oberen überlassen; doch muß er immer darauf achten, daß nicht Sättigung oder Trunkenheit aufkommt.

Zwar lesen wir, der Wein sei überhaupt nichts für Mönche; da man aber die Mönche unserer Zeit davon nicht überzeugen kann, sollten wir uns wenigstens dazu verstehen, nicht bis zur Sättigung zu trinken, sondern weniger, denn der Wein bringt sogar die Weisen zum Abfall."

Die weise Zurückhaltung, die allzu ängstliche Scheu vor dem Festlegen einer Richtschnur für andere, die leicht herauszuhören ist, lassen ihn an weiteren Stellen der Regula bestimmen, daß man immer diejenigen Dinge benützen, diejenigen Speisen und Getränke zu sich nehmen soll, die in der jeweiligen Gegend eines Klosters einfacher und preiswerter zu bekommen sind. Damit erweist sich Benedikt – gerade vor der Folie der Regionalismus-Diskussion in der Europäischen Union – als ein wahrer Patron Europas, der schon sehr früh die Bewahrung und Förderung der regionalen Vielfalt in seine Regel aufgenommen hat. Erst allmählich hat sich die Benediktusregel von Italien aus nach Norden und Westen verbreitet. In der Zeit ihrer Niederschrift war das Bierbrauen in unserer Gegend eine durchaus germanische, vom christlichen Standpunkt aus gesehen heidnische Sache. Erst unter Karl dem Großen und seinen Söhnen wurde die Regula Sancti Benedicti das für die Mönche bestimmende Gesetzbuch, so daß sie auf den Synoden neben der Bibel aufgeschlagen lag und verehrt wurde. Die iroschottischen Mönche mit ihren berühmten Missionaren Gallus, Magnus und Columban waren im 7. Jahrhundert die ersten Klostergründer, denen es geraten schien, den Umgang mit dem Bier zu reglementieren.

Das Bier hatte noch eine andere, für die strengen Fastenregeln der Klöster angenehme Nebenwirkung. Wenn man es kräftig und dick braute, konnte man davon satt werden. Ein alter kirchlicher Grundsatz besagt: *Liquida non frangunt ieiunium* (Flüssiges bricht das Fasten nicht). So konnte man mit Hilfe von Bier – als flüssigem Brot – über die wochenlange Fastenzeit, in der wenig gegessen wurde, gut über die Runden kommen.

Das Bier kam bis dahin als Abgabe der Untertanen ins Kloster. Es war meistens dünnes Haferbier – mit und ohne Honig. So blieb den Mönchen nichts übrig, als sich selbst aufs Brauen zu verlegen. Landwirtschaft gehörte ohnedies zu den meisten Klöstern. So wurde dort nun verstärkt Gerste angebaut. Zwar bekamen die Klöster von den Bauern auch einen „Malzzehnt" – aber der bestand vor allem aus Hafer, der kein übermäßig gutes Bier brachte. Schnell war das Bier der Mönche weit besser als alles, was im weiten Umkreis gebraut wurde. Das hatte drei Gründe. Erstens legten die Brüder großen Wert auf die Qualität des Braugetreides. Zweitens konnten sich einige unter ihnen ausschließlich mit den Brauproblemen

beschäftigen; sie wurden Spezialisten. Und drittens gingen die Mönche, zumindest in manchen Klöstern, ganz wissenschaftlich vor. Sie begannen, die alten Schriften auf brautechnische Hinweise zu untersuchen - beispielsweise die naturwissenschaftlichen Werke des Römers Gaius Plinius des Älteren, in denen viel über die Bierbrauerei steht.

Was die Zutaten betraf, die in die Maische wanderten, so zeigten sich die Mönche sehr experimentierfreudig. Und die Nonnen ebenso, denn auch in Frauenklöstern wurde tüchtig gebraut. Manche Brauerei glich einer Alchimisten-Werkstatt. Fürs Malz wurde Gerste vorgezogen; auch Weizen war beliebt. Die Mönche nahmen für das damals schon überall übliche Mälzen auch Hirse, Bohnen oder Wurzeln - einfach jede stärkehaltige Pflanze. Abenteuerliche Würzzutaten waren üblich: Wermut, Hirse, Fenchel und Wacholder; Nelken, Salbei, Schafgarbe und Kirschblüten; Eichen-, Kiefer- und Birkenrinde; Schlangenkraut, Ochsengalle und Kienruß. Bis schließlich bekannt wurde, daß auch Hopfen eine nützliche Zutat sei. Er hatte einen großen, unbezahlbaren Vorteil: Er machte Bier so haltbar, daß man es einige Zeit im Keller lagern konnte. Die Äbte waren großzügig. Abt Ekkehard von St. Gallen verfügte: „Für alte Klosterinsassen sind täglich sieben Essen mit reichlich Brot und fünf Zumessungen von Bier erlaubt. Das fünfte Essen zur Vesperzeit kann mit Wein eingenommen werden."

Aus der „Zumessung" entstand später die „Maß"; fünf Maß täglich

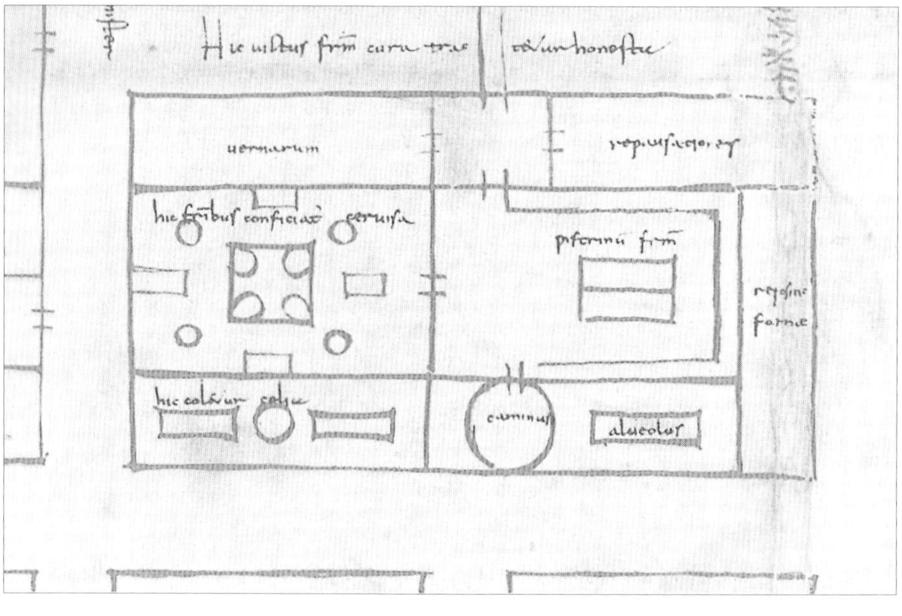

Ein Ausschnitt aus dem St. Gallener Klosterplan aus dem Jahre 814: Er zeigt das Brauhaus, das in der linken Hälfte den Brau-Raum, darunter den kühlen Lagerraum enthält, in der rechten Hälfte das Malzlager und die Darre.

Der „Berg GOTTES“ aus dem Psalm 68 ist nach der lateinischen Inschrift unter dem Kupferstich der Heilige Berg Andechs, auf dem reger Wallfahrtsbetrieb herrscht. (Kupferstich aus dem Jahre 1608)

waren Klosterbrauch. Wieviel eine Maß hatte, schwankte von Kloster zu Kloster – zwischen einem und zwei Litern. Fünf Maß waren demnach fünf bis zehn Liter, täglich. Damit ließ sich notfalls auch eine längere Fastenzeit durchstehen.
Es wäre falsch, anzunehmen, daß die Mönche nur für den eigenen Bedarf brauten. Das durften sie nach den Klostersatzungen gar nicht. Jeder Pilger, jeder Reisende, Wandersmann, Gaukler oder Bettler, der an die Klosterpforte klopfte, bekam zu essen und auch Bier. Manchmal waren das 200 Leute am Tag. Von einem bayerischen Kloster ist bekannt, daß dort jährlich 10 000 Pilger und Wanderer gespeist wurden. Es waren gewaltige Mengen, die da unentgeltlich ausgeschenkt wurden.
So wurde aus mancher Klosterbrauerei ein gut florierendes Unternehmen. Die Klosterschenken entstanden. Nun spielte die Qualität des Bieres eine noch größere Rolle. Jedes Kloster braute anders. Und jedes bemühte sich, die geistliche Konkurrenz auszustechen.
Was dieser Biervertrieb wirtschaftlich bedeutete, läßt sich leicht nachrechnen. Eins der Nürnberger Klöster verkaufte im Mittelalter jährlich 4 500 Eimer Bier. Solch ein Eimer faßte zwischen 60 und 70 Liter. Das heißt: Im Jahr wurden rund 300 000 Liter umgesetzt.
Eines der schönsten erhaltenen Kulturdenkmäler ist der Idealplan eines mittelalterlichen Klosters, wie ihn die Mönche von St. Gallen auf ihrer Bodenseeinsel Reichenau verwirklichen wollten. Er sah eine vollständige, abgeschlossene autarke Klosterstadt vor. Neben Kirche, Konventgebäuden, Bibliothek, Hospital und Pilgerherberge, den Werkstätten und Badehäusern, wurde bei der Planung viel Mühe auf die Versorgung mit Essen und Trinken verwandt. Bruthäuser und Zuchtgehege waren vorgesehen, genauso wie drei Bäckereien und fünf Küchen. Für unser Thema ist wichtig, daß auch drei große Brauereien geplant waren. Der gesamte Plan ist nie verwirklicht worden, aber die drei Brauhäuser samt einem gemeinsamen Getreidespeicher wurden gebaut – in Kreuzesform angelegt, „damit der Segen Gottes immer auf dem Biere liege". Jedes der Sudhäuser braute ein Spezialbier: Celia, ein Starkbier für den Abt und die vornehmen Gäste; Cerevisa, das alltägliche Haferbier für Mönche und Pilger; Conventus, ein Billigbier für das Klostergesinde und die Bettler. Durchaus eine Sorten-Diversifikation, die ganz modern anmutet.
Ein weiterer Markstein in der Geschichte der mönchischen Braukunst ist die Einführung des Doppelbocks. Im Zuge der Gegenreformation hatten die bayerischen Herzöge und späteren Kurfürsten verschiedene katholische Reformorden in ihr Land geholt. Darunter auch die Paulaner, ein Seelsorgeorden mit strenger Fastenobservanz. Mitten in die kirchliche Fastenzeit fiel aber der Festtag

Bayern im Miniaturformat: der Heilige Berg mit dem Kloster Andechs vereint Volksfrömmigkeit und Kultur, benediktinische Gastfreundschaft und klösterliche Braukunst.

Das alte Brauhaus mit seinen Kupferkesseln

Wer denkt beim Genuß der Andechser Bier-Spezialitäten schon an modernste Technik: die Filtrieranlage der Klosterbrauerei.

Die Andechser Brauerei hat immer technischen Höchststand mit benediktinischer Braukunst verbunden.

Der Klostergasthof: liebevoll renoviert und von seinen Pächtern verschiedensten Ansprüchen erschlossen: vom Stammtisch bis zur Prominenten-Party.

Herz der Andechser Gastronomie: das Bräustüberl, wo das ausgeschenkte Bier dem Brauen am nächsten ist.

Daß Gastronomie und Besucher nicht das geistliche Zentrum des Heiligen Berges verdecken, dafür trägt die Klosterleitung Sorge: Das neue Biergartendach vor dem Turm der Kloster- und Wallfahrtskirche.

Sobald die ersten warmen Tage beginnen, füllt sich der Biergarten des Klosters mit Besuchern, die Brotzeit und Bier, die herrliche Aussicht und die wunderbare Atmosphäre von Andechs schätzen.

Hinter dem eigenartig blauen Scheunentor steckt Kultur: der Florian-Stadl, mehr und mehr ausgebaut zu einem richtigen kleinen Festspielhaus.

Das Gebälk ist alt, die Idee ist pfiffig und die Akustik phantastisch: eines der vielen Konzerte, hier im Florianstadl, mit denen Andechs an seine Tradition als kulturelles Zentrum anknüpft.

Ein seltener Blick in den Innenraum der Kloster- und Wallfahrtskirche: denn auch sie ist selten leer. Auch hier gibt es den eiligen Besucher und den stillen Verweiler und unter beiden Typen Fromme und weniger Fromme.

Auch der Fürstensaal ist lebendige Geschichte: Konzerte, Lesungen, Vorträge, Kongresse und andere Events finden hier statt.

Zur Versorgung von St. Bonifaz in München gegründet und bis heute wirtschaftlich auf der Höhe: Kloster Andechs, ein modernes Unternehmen.

ihres Ordensgründers, des heiligen Franz von Paula, am 2. April. Für diesen Feiertag im Kloster, der natürlich die Fastenzeit unterbrach, brauten sie herzoglich privilegiert ein Starkbier „Einböckischer Art", wie es am Münchener Hofbräuhaus gesotten wurde, aber sie brauten es weit stärker: als Doppelbock. Sie nannten es zu Ehren des Ordensvaters „des Heiligen Franz' Öl" oder „Sankt-Vaters-Bier". Seit dem Eintritt des später so berühmten Braumeisters Bruder Barnabas Still war es zu einem ebenso berühmten Bier geworden, zu dessen Anstich Kurfürst Karl Theodor jedes Jahr begrüßt wurde. Heute noch wird dem bayerischen Landesvater beim Salvator-Anstich - dieser noch frömmere Name des Bieres ist allmählich daraus geworden - von einem Paulanermönch - allerdings einem italienischen, denn in München gibt es keine Paulaner mehr - ein schäumender Maßkrug überreicht mit dem Spruch: *Salve Pater Patriae, bibas princeps optime*. Nach der Säkularisation und der Privatisierung der Paulanerbrauerei kamen natürlich auch andere Brauereien darauf, ein Starkbier zu brauen und auszuschenken, dessen Name ebenfalls auf „-ator" endete.

Beim Münchner Patentamt waren 1972 schon 120 solcher Namen eingetragen - von Triumphator, Optimator, Maximator bis zu solchen wie Vitaminator, Sufficator und Rariator. Auch unser Abt Hugo Lang dachte damals daran, auf dem Heiligen Berg einen „Benedicator" auszuschenken.

Soweit mein ausführlicher geschichtlicher Rückblick. Zumindest quantitativ hat die mönchische Braukunst ihre Blütezeit schon hinter sich. Schließlich gab es im Hohen Mittelalter bis zur Reformation und bis zu ihrem endgültigen Garaus durch die Säkularisation mindestens 500 Klosterbrauereien.

Wie könnte man nun die gemeinsame Philosophie mönchisch/klösterlicher Braukunst in unserer Gegenwart bezeichnen? Hier darf ich wohl *pro domo nostra* sprechen und die Klosterbrauerei Andechs als Beispiel für die anderen, noch verbliebenen echten Klosterbrauereien anführen.

Auch wenn in unserem Hause außer mir, dem Zellerar, kein Mönch mehr unter den circa 45 Brauereiangestellten mitarbeitet, haben sich doch gewisse „Standards" ungeschriebenermaßen erhalten:

- hohe, ja höchste Qualitätsanforderungen an die Rohstoffe, den Produktionsprozeß und das Produkt;
- viel Zeit, die alte mönchische Muße, für das Lagern und Reifen des Bieres;
- Verwendung der besten modernen technischen Hilfsmittel - was bei Besuchern oft Erstaunen über die EDV-gestützte Schalttafel in unserem 1984 in Betrieb genommenen neuen Sudhaus hervorruft.

Aber waren nicht immer schon die Klöster - ganz im Gegensatz zum vorherrschenden Klischee - die Vorreiter wissenschaftlicher Entwicklungen und ihres ökonomischen Einsatzes?
Als Wichtigstes, gerade im Einsatz für das Produkt Bier insgesamt, erscheint mir, das Bewußtsein dafür zu erhalten und zu wecken, daß Bier ein Kulturgut ist.
Dazu eine Anekdote: Der Rektor der Hochschule eines modernen Seelsorge-Ordens der katholischen Kirche führt einen der großen Gönner und Förderer seines Institutes, einen vom kleinen Handwerker zum Großindustriellen arrivierten Herrn, durch das südlich von München am Isarhang gelegene Haus. Er zeigt ihm die Hörsäle und wissenschaftlichen Einrichtungen, das chemisch-physikalische Labor und die naturgeschichtlichen Sammlungen. Der Gast ist sehr angetan von dem Gezeigten und fragt interessiert nach. Ganz überzeugt scheint er aber nicht zu sein. So wird er weiter durch die Bibliothek geführt, die reichhaltige Handschriftenkollektion.

Schließlich bleibt er stehen und sagt: „Sagn' S amal, Herr Pater, dös is ja alles recht und schön, viel tuns, für die wissenschaftliche Ausbildung Ihres Nachwuchses. Aber was machen' S denn sonst. Ham' S denn gar nichts für die Kultur - zum Beispiel a Brauerei."
Das Wort Kultur - wir wissen es alle, kommt vom lateinischen colere - pflanzen, bebauen. Es ist eine von den Menschen auf den Grundlagen der Natur - ich als Mönch darf sagen: von Gottes Schöpfung - weiterentwickelter, in ihm innewohnender und zum Vorschein gebrachter Sachverhalt zur Freude der Menschen und wieder zur Beförderung der im Menschen vorhandenen Anlagen und Stimmungen, wie die Saiten eines Instrumentes, die durch die Hand des Künstlers - sagen wir heute dazu nicht sogar: des Kulturschaffenden? - zum Klingen gebracht werden.

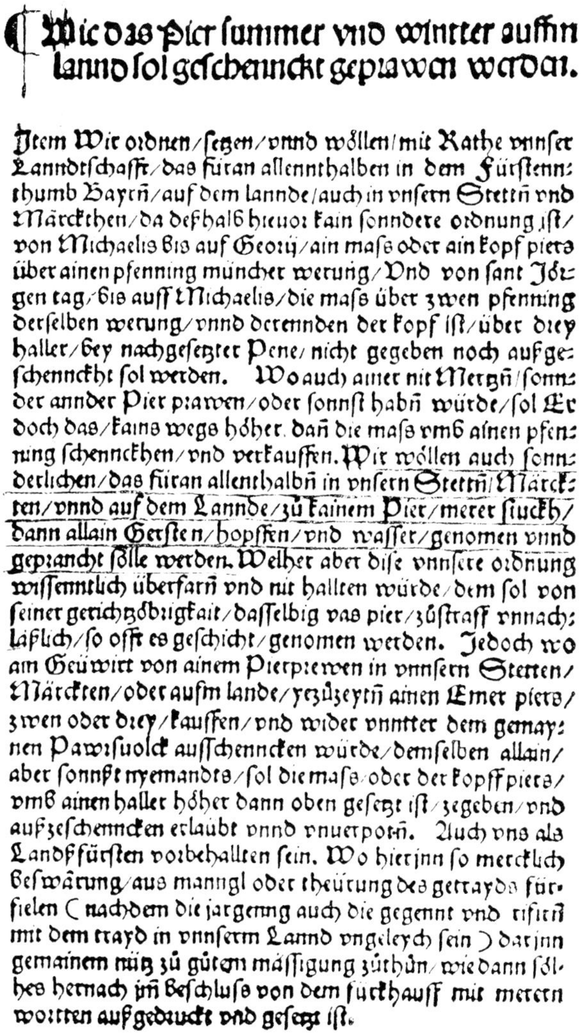
Wie das Pier summer vnd winter auffm
lannd sol geschennckt gepawen werden.

Item Wir ordnen/setzen/vnnd wöllen/mit Rathe vnnser
Lanndtschafft/das füran allennthalben in dem Fürstenn-
thumb Bayrn̄/auf dem lannde/auch in vnsern Stettn̄ vnd
Märckthen/da deßhalb hieuor kain sonndere ordnung ist/
von Michaelis bis auf Georij/ain maß oder ain kopf piers
über ainen pfenning müncher werung/Vnd von sant Jör-
gen tag/bis auff Michaelis/die maß über zwen pfenning
derselben werung/vnnd derennden der kopf ist/über drey
haller/bey nachgesetzter Pene/nicht gegeben noch aufge-
schennckht sol werden. Wo auch ainer nit Mertzn̄/sonn-
der annder Pier prawen/oder sonnst habn̄ würde/sol Er
doch das/kains wegs höher. dan̄ die maß vmb ainen pfen-
ning schennckhen/vnd verkauffen. Wir wöllen auch sonn-
derlichen/das füran allenthalbn̄ in vnsern Stettn̄/Märck-
ten/vnnd auf dem Lannde/zu kainem Pier/merer stuckh/
dann allain Gersten/hopffen/vnd wasser/genomen vnnd
gepraucht sölle werden. Welher aber dise vnnsere ordnung
wissenntlich überfarn̄ vnd nit hallten würde/dem sol von
seiner gerichtzobrigkait/dasselbig vas pier/zustraff vnnach-
läßlich/so offt es geschicht/genomen werden. Jedoch wo
ain Geüwirt von ainem Pierprewen in vnnsern Stetten/
Märckten/oder aufm lande/yezuzeytn̄ ainen Emer piers/
zwen oder drey/kauffen/vnd wider vnnter dem gemay-
nen Pawrsuolck ausschennckhen würde/demselben allain/
aber sonnst nyemandts/sol die maß oder der kopff piers/
vmb ainen haller höher dann oben gesetzt ist/zegeben/vnd
aufzeschennckhen erlaubt vnnd vnuerpotn̄. Auch vns als
Landsfürsten vorbehallten sein. Wo hierjnn so mercklich
beswärung/aus manngl oder theürung des gettrayds für-
fielen (nachdem die jargenng auch die gegennt vnd reiffen
mit dem trayd in vnnserm Lannd vngeleych sein) darjnn
gemainem nutz zu gutem mässigung zuthun/wie dann söl-
hes hernach jm̄ beschluss von dem fürkhauff mit meren
worten ausgedruckt vnd gesetzt ist.

Was seinerzeit verordnet wurde, ist heute ein Marktvorteil für heimische Biere: Das Reinheitsgebot von 1516. Leichter lesbare Vesionen des historischen Dokuments finden Sie auf S. 110 und 111.

Gerade die bodenständigen alten Orden der Kirche gelten als Kulturträger. Hat das nicht auch darin seinen Grund, daß das lateinische colere auch mit Wurzelschlagen, Beheimatetsein, mit Atmosphäre, mit dem weltweit deutsch verwendeten Begriff „Gemütlichkeit" in Verbindung gebracht werden kann?

So wie die Grundstoffe Wasser, Gerstenmalz, Hopfen und Hefe kultiviert werden und wiederum gemeinsam zu einem kultivierten Produkt, dem Bier verarbeitet – oder besser – neu geschaffen werden, so waren es auch die Grundvollzüge des Menschen, zu denen ganz herausragend das Essen und Trinken gehören, die kultiviert wurden. Sprechen wir nicht gar von Eß- und Trinkkultur, von einer immer mehr verlorengehenden Kultur des gemeinschaftlichen Mahles, zu dem konstitutiv das Getränk mit den Sitten des Trinkspruches, des Toasts, des Zuprostens gehört? Geht all das nicht weit hinaus über bloße Aufnahme von Nahrung und Flüssigkeit?

Ein weiteres kleines Beispiel: Während meines Studiums in Rom hat es mich anfangs gewundert, als die Priester nach der Meßfeier in der Sakristei sich mit dem Wort *Prosit* einander zuneigten. Bei uns in Deutschland wurde dafür der synonyme Ausdruck *Proficiat* gebraucht. Steckt darin nicht eine uralte Ahnung von der Fortsetzung des heiligen Mahles im Zusammensein bei Speise und Trank? Als Sohn des heiligen Benedikt, der lange vor den Temperenzlern unserer Neuzeit das rechte Maß beim Genuß der schönen Dinge des Lebens betont hat, darf ich auch einen Zaun brechen für einen meines Erachtens wesentlichen Bestandteil eines echten Bieres, den Alkohol. Auch er ist eine Errungenschaft menschlicher Kulturentwicklung, auch er kann leider, wie alle guten Dinge,

im Übermaß, in Unmäßigkeit mißbraucht werden. Vor der Verwissenschaftlichung der Kunst der Chemiker und Pharmazeuten gab es dafür auch einen anderen Namen, *Spiritus*. Es ist der Geist der Dinge, der beflügelt, wohl stimmt und wie bei den dionysischen Mysterien enthusiasmiert, also begeistert. Sicher, die Menschen früherer Zeiten kannten nicht das Problem der Verkehrssicherheit, sie kannten aber wohl das Problem mit dem rechten Maß. Hier wird es eine bleibende Aufgabe der Biertrinker und Bierproduzierenden sein, für den rechten Umgang zu werben, damit das Kulturgut Bier in Gegenwart und Zukunft nicht als Einstiegsdroge diffamiert werden kann.
Zur Kultur gehört für uns ganz wesentlich die Kunst. Damit schließt sich der Kreis vom Kulturgut zum Kunstwerk Bier.
Wer konnte das Lehnstuhlbehagen, welches der Biergenuß bei dem hanseatischen Schriftsteller Thomas Mann in seiner Wahlheimat München evozierte, besser und schöner darstellen, als Eduard von Grützner in seinen herrlichen Genrebildern, auf denen sich der Maler selbst in der Mönchskutte des Klosterbraumeisters Bruder Jakob im Andechser Bräustüberl verewigte?

Ein Bier, Geselligkeit und etwas Etspannung – was Ludwig Richter auf seinem Holzschnitt im 19. Jahrhundert festgehalten hat, das suchen auch heute noch die Menschen. Auch auf dem Heiligen Berg Andechs.

Dort ist das *Paradies auf Erden*, läßt Ludwig Thoma seinen Postsekretär Martin Angermayer (einen Kollegen des Dienstmannes Alois Hingerl, dem Münchner im Himmel) in Gedanken an Bayerns Heiligem Berg Andechs wohlig seufzen. Das ist doch das höchste Lob für die mönchische Braukunst, wenn sie es vermag, den Himmel auf die Erde zu holen.

Bier hilft heilen

BIER IST GESUND

Schon lange bevor sich alternative Heilmethoden allgemeiner Beliebtheit erfreuten, nämlich bereits im 16. Jahrhundert, forderte der deutsche Arzt und Naturforscher Paracelsus: „Laßt unsere Nahrungsmittel Heilmittel und unsere Heilmittel Nahrungsmittel sein." Diese Forderung betraf natürlich auch das Bier, doch wurde dessen Heilwirkung schon viel früher entdeckt. Fast 2 000 Jahre vor Paracelsus empfahl der griechische Philosoph Aristoteles Bier als gesundes Schlafmittel, und im antiken Rom galten Umschläge mit Bierhefe als Mittel gegen geschwollene Drüsen. Hildegard von Bingen, der großen Heilkundigen des 12. Jahrhunderts, wird die Erkenntnis zugeschrieben, daß das Bier eine positive Wirkung auf den menschlichen Körper haben soll. So verursache es eine gesunde Gesichtsfarbe und sei besonders Gemütskranken als Heilmittel zu empfehlen, da es dem Menschen verlorene Kräfte wiedergebe und Depressionen heile. Auch der landwirtschaftliche Schriftsteller Johannes Colerus erkannte den gesundheitlichen Wert des Gerstensaftes. Im 17. Jahrhundert legte er genau dar, welche Biersorte bei welchen Leiden genossen werden solle. Speziell Kräuterbiere spielen dabei eine wichtige Rolle, selbst wenn es diese nach dem Reinheitsgebot gar nicht geben hätte dürfen. So empfahl Colerus beispielsweise Wermutbier gegen Verstopfung und Melissenbier gegen Depressionen.

Auffallend ist, daß sich die Verwendung von Bier als Heilmittel durch eine Vielzahl von Kulturen zieht und dort zu allen Zeiten vorhanden war und immer noch ist. In jüngster Zeit ist die positive Wirkung von Bier auf den menschlichen Körper auch von wissenschaftlicher Seite unter die Lupe genommen worden und uraltes Wissen fand sich bestätigt: In Maßen genossen ist Bier durchaus gesund! So gaben in den 80er Jahren dieses Jahrhunderts die amerikanischen Forscher Klatsky, Friedmann und Siegelaub das erstaunliche Ergebnis einer zehnjährigen Langzeitstudie bekannt: Sie hatten herausgefunden, daß der tägliche Genuß von Alkohol – natürlich in Maßen vollzogen – gesünder als völlige Abstinenz ist. Diese Erkenntnis wurde 1992 von zwei Franzosen bestätigt. Die Wissenschaftler Renaud und Lorgeril hatten den Zusammenhang von Ernährungsgewohnheiten und Herzkrankheiten untersucht und dabei herausgefunden, daß in Frankreich verhältnismäßig we-

nige Menschen an einem Herzinfarkt sterben. Nun sind die Franzosen aber auch bekannt für ihren Rotweingenuß und die beiden Forscher folgerten daraus: Der Genuß von Alkohol kann das Herzinfarktrisiko herabsetzen.
Doch kommen wir zurück zum Bier, um das sich hier schließlich alles dreht. 1997 wurde auf der Deutschen Tagung für Ernährungsmedizin in Freiburg eindeutig die positive Wirkung von Bier auf den menschlichen Körper bestätigt. Dabei stellten die Wissenschaftler fest, daß der Blutalkoholspiegel nach dem Genuß von Bier niedriger ist als nach Getränken, die einen vergleichbaren Alkoholgehalt aufweisen. Aus dieser Tatsache schlossen sie, daß der Alkohol des Bieres langsamer vom Blut aufgenommen werde und daher nicht so leicht schädliche Konzentrationen erreichen könne. Auch fanden sie heraus, daß der reiche Vitamingehalt des Bieres negativen Wirkungen des Alkohols teilweise entgegenwirken kann.
Nun haben wir also von wissenschaftlicher Seite bestätigt bekommen, was ein jeder Bierfreund schon lange weiß: Bier schmeckt nicht nur gut, sondern fördert sogar die Gesundheit!
Dabei versteht es sich hier und in den folgenden Abschnitten von selbst, daß wir hier nicht zu maßlosem Alkoholgenuß auffordern wollen, sondern Bier in wohl dosierten Mengen zu sich genommen werden soll. Wieviel Bier gesund ist, wird später noch ausführlich erläutert.

WAS STECKT IM BIER?

Was ist es nun aber, das dem Bier seine gesundheitsfördernde Wirkung verleiht? Wie wir gelernt haben, besteht Bier aus Gerste, Hopfen, Hefe und Wasser, doch durch diese Zutaten enthält der Gerstensaft eine Reihe von Vitaminen, Mineralien und Spurenelementen. Nicht weniger als sieben Vitamine der B-Gruppe bringt die Hefe mit in das Bier, des weiteren finden sich Kalium, Kalzium, Phosphor, Eisen, Kupfer, Zink und weitere lebenswichtige Stoffe in dem beliebten Getränk.
Untersucht man nun einen Liter Vollbier gezielt auf seine einzelnen Bestandteile, so erhält man folgendes Ergebnis:

Wasser	840 - 880 g
Kohlenhydrate	38 - 40 g
Alkohol	35 - 43 g
Kohlensäure	5 g
Protein (Eiweiß)	3 - 5 g
Vitamine	ca. 0,01 g
Mineralstoffe und Spurenelemente	ca. 0,13 g

Doch nicht nur enthält das Bier eine Reihe von gesundheitsfördernden Stoffen, es enthält zugleich auch nichts Ungesundes. Wie wir bereits gesehen haben, unterliegt die Bierherstellung dem Reinheitsgebot bzw. dem Biersteuergesetz, die genau festlegen, was im Bier enthalten sein darf. Das Bier darf chemisch nicht manipuliert werden – Skandale, wie sie in letzter Zeit die Weinproduktion überschattet haben, sind daher nicht möglich. Frostschutzmittel wird man im Bier glücklicherweise immer vergebens suchen! Damit keine chemischen Zusätze ins Bier gelangen, darf Hopfen bereits vier bis fünf Wochen vor der Ernte nicht mehr gespritzt werden. Außerdem wirkt Hopfen antiseptisch, er sorgt also auch später dafür, daß sich im Bier keine Bakterien und Keime entwickeln können. Auch ist die Qualität des in Brauereien verwendeten Wassers häufig besser als die des Trinkwassers: Bereits bei der Herstellung des Bieres wird also großer Wert auf Hygiene und Gesundheit gelegt.

WIE WIRKT BIER?

Wichtig für die gesundheitsfördernde Wirkung des Bieres ist nicht so sehr ein einzelner Stoff oder eine Gruppe von Stoffen, sondern vielmehr das ausgewogene Zusammenspiel der einzelnen Bestandteile: Über 2000 Substanzen wirken in diesem Naturprodukt zusammen und sorgen dafür, daß das Bier seine Heilwirkung in vielen verschiedenen Bereichen entfalten kann.

Mineralien wie Natrium, Kalzium, Kalium oder Phosphor sind nötig, um den reibungslosen Ablauf von Stoffwechselvorgängen aufrechtzuerhalten. Auch tragen sie zusammen mit dem Wasser dazu bei, daß das Bier ein idealer Durstlöscher ist. Vitaminmangel kann zu einer Reihe von gesundheitlichen Beeinträchtigungen führen. Schlafstörungen, Depressionen und Müdigkeit können häufig schon durch eine Umstellung der Ernährung kuriert werden. Vor allem ältere und streßgeplagte Menschen, Kinder und Sportler sollten auf eine vitaminreiche Ernährung achten. Die Vitamine aus der B-Gruppe, die von der Hefe ins Bier gebracht werden, wirken positiv auf die Nerventätigkeit und die Bildung von roten Blutkörperchen. Auch regen sie Kreislauf und Stoffwechsel an. Zusammen mit den Aminosäuren und Kohlenhydraten tragen die Vitamine also entscheidend zum hohen Nährwert des Bieres bei. Spurenelemente schließlich benötigt der menschliche Körper nur in sehr geringen Mengen, doch sind auch diese lebensnotwendig.

Bier enthält nun Vitamine, Mineralstoffe und Spurenelemente nicht nur in großer Menge, sondern auch in einem ausgewogenen Verhältnis. Hinsichtlich seines Gehaltes an wichtigen Vitaminen der B-Gruppe und an Phosphat ist Bier sogar vollwertig, das heißt, der Mensch kann seinen Bedarf an diesen Stoffen schon durch das Trinken von einem Liter Bier pro Tag decken.

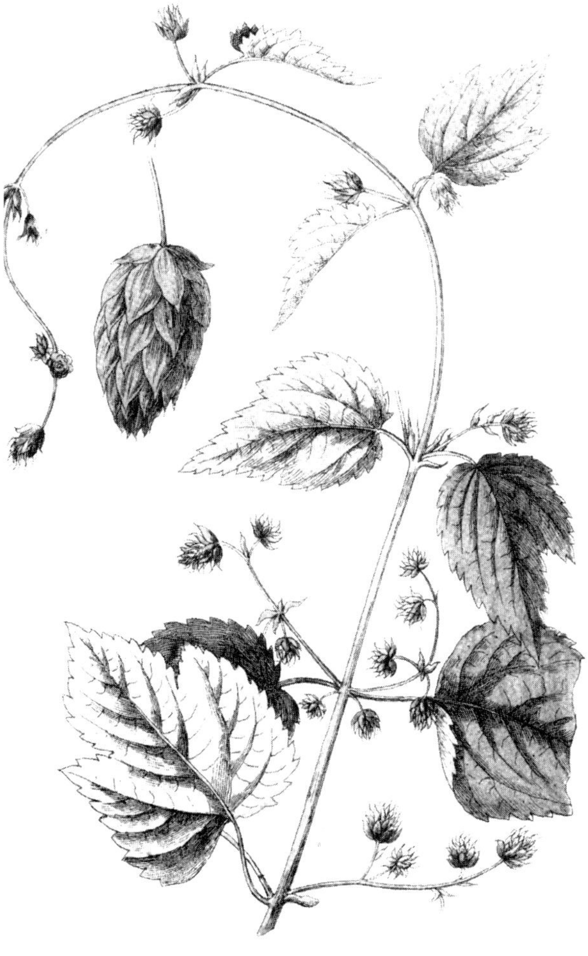

HEILMITTEL GERSTENSAFT

Wir wissen nun, wie wichtig die im Bier enthaltenen Mineralstoffe, Vitamine und Spurenelemente für den menschlichen Körper sind. Doch auf welche Weise fördert Bier nun ganz genau unsere Gesundheit?

BIER ALS NATÜRLICHES ANTI-STRESS-MITTEL

Der hohe Anteil an Bitterstoffen und Alkohol bewirkt die erheiternde und entspannende Wirkung des Bieres. Beruhigung und Fröhlichkeit stellen sich ein, eine Tatsache, die man in der Altenpflege schon lange zu nutzen weiß: So empfiehlt die englische Altenfürsorge den Gerstensaft als appetitanregendes Mittel und Arznei gegen altersbedingte Depressionen. Sicherlich eine billigere und natürlichere Methode als Tabletten!
Doch nicht nur alte Leute profitieren von der gesundheitsfördernden Wirkung des Bieres. Da man heutzutage die Ursachen für viele Krankheiten nicht nur in organischen Fehlfunktionen oder Störungen sieht, sondern auch die seelische Verfassung entscheidend für den Gesundheitszustand eines Menschen verantwortlich macht, darf die positive Wirkung, die das Bier auf die Psyche hat, nicht unerwähnt bleiben. Dabei ist besonders das Zusammenspiel der Lupulin-Körner im Hopfen mit dem Alkohol von großer Bedeutung. So wirkt Lupulin beruhigend auf die Nerven, Nervosität und Streß werden abgebaut. Der Alkohol dagegen hebt die Stimmung, der Mensch denkt positiver und wird aufgeschlossener. Dabei sollte man jedoch besonders auf das rechte Maß an Bier achten, denn keinesfalls sollte man sich gezielt betrinken, um der Wirklichkeit zu entfliehen. Zu groß ist in diesem Fall die Gefahr der Abhängigkeit.
Durch diese beruhigende und entspannende Wirkung ist Bier auch in der Lage, Konzentrations- und Schlafstörungen zu beseitigen. Ein gesunder Schlaf wiederum bildet die Grundlage für das seelische Gleichgewicht des Menschen, das ihm hilft, manche Krankheit zu überwinden oder gar nicht erst ausbrechen zu lassen.

BIER BEI SCHLAFSTÖRUNGEN

SCHLUMMERTRUNK

Zutaten:
1/3 l Bier
1 TL Honig

Zubereitung:
Bier erwärmen und Honig zugeben.
Mischung kurz vor dem Schlafengehen trinken, solange sie noch warm ist.

BIER STÄRKT DAS IMMUNSYSTEM

Jede Sekunde unseres Daseins wird unser Körper von einer ganzen Armee von Bakterien, Viren und anderen Schadstoffen angegriffen. Damit diese unseren Körper nicht in Besitz nehmen und dadurch allerlei Krankheiten verursachen können, hat uns die Natur ein Immunsystem gegeben, das die Eindringlinge wie ein Schutzschild abwehrt. Damit es stark genug ist, um Bakterien und Viren erfolgreich bekämpfen zu können, müssen dem Immunsystem regelmäßig Vitamine und Mineralstoffe zugeführt werden. Auch eine gesunde seelische Verfassung hilft dem Immunsystem. Und hier kommt schließlich unser Bier ins Spiel. Wie wir gesehen haben, enthält der Gerstensaft eine große Menge an Vitaminen und Mineralstoffen und wirkt außerdem positiv auf die Psyche des Menschen. Auch wenn der genaue Zusammenhang zwischen Biertrinken und Immunsystem bis jetzt noch nicht wissenschaftlich erwiesen werden konnte, ist doch anzunehmen, daß diese beiden Eigenschaften des Bieres positive Auswirkungen auf die körpereigene Krankheitsabwehr haben können.

BIER BEI ERKÄLTUNGSKRANKHEITEN

Auch wenn bei Erkältungen eigentlich gar nichts hilft, kann man die mit ihr zusammenhängenden Beschwerden mit den folgenden beiden Rezepten doch etwas lindern.

BIER-EIGELB-MISCHUNG

Zutaten:

1	*Eigelb*
1 Glas	*dunkles Bier*

Zubereitung:
Das Eigelb mit dem Bier verquirlen. Den Trunk vor dem Schlafengehen zu sich nehmen, damit er seine Wirkung gut entfalten kann.

ERKÄLTUNGSTRUNK À LA ONKEL TONI

Zutaten:

2 TL	*Zucker*
1/8 l	*Wasser*
1/3 l	*Bier*

Zubereitung:
Zucker in Wasser auflösen und kurz aufkochen lassen. Dann Zuckerwasser in das Bier geben und heiß trinken.
Dieses Getränk hilft bei Erkältungen und Bronchitis.

HUSTENSAFT

Zutaten:

1/2 l	*Bier*
4 EL	*Honig*

Zubereitung:
Bier erhitzen und Honig dazugeben. Warm trinken.
Diese Bier-Honig-Mischung lindert den Husten.

BIER HILFT BEI MAGEN- UND DARMERKRANKUNGEN

Wer unter Magen- und Darmerkrankungen oder unter Verdauungsstörungen leidet, kann die Nährstoffe, die er über das Essen oder Trinken zu sich nimmt, nicht mehr voll verwerten. Die Folge: Der Körper leidet unter Mangelerscheinungen, Vitaminmangel ist nur ein Beispiel hierfür. Bier hat nun den Vorteil, daß es alle wesentlichen Nährstoff-Komponenten bereits in gelöster Form enthält. Das Mälzen und Maischen hat gewissermaßen einen

Teil der Verdauung vorweggenommen. Deshalb können die im Bier enthaltenen Nährstoffe vom Körper besonders gut resorbiert werden. Dazu kommt, daß die relativ geringe Konzentration von Alkohol im Bier die Magenschleimhaut nicht weiter reizt und so die Verdauungsstörungen nicht verschlimmern kann. Da es die Magenentleerung beschleunigt, wirkt Bier sogar verdauungsfördernd. So haben dann auch Studien ergeben, daß Menschen, die Alkohol in Maßen zu sich nehmen, weniger oft an Magen- oder Darmerkrankungen leiden als völlige Abstinenzler.

BIER BEI MAGEN- UND DARMERKRANKUNGEN

GEWÜRZTES BIER

Zutaten:

1/2 l	*Bier*
1 TL	*Anis*
1 TL	*Kümmel*
1 TL	*Koriander*

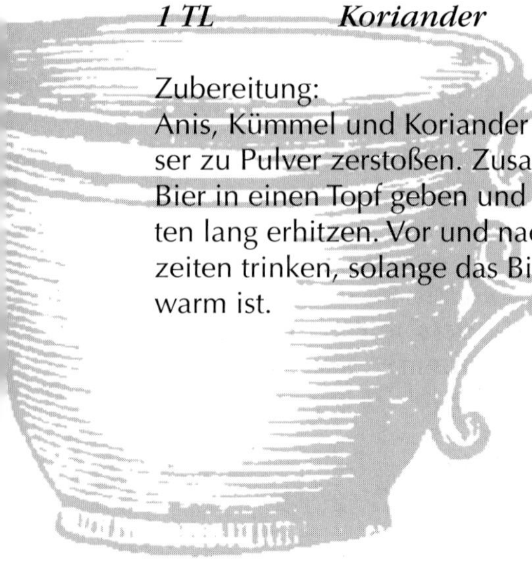

Zubereitung:
Anis, Kümmel und Koriander in einem Mörser zu Pulver zerstoßen. Zusammen mit dem Bier in einen Topf geben und etwa 5 Minuten lang erhitzen. Vor und nach den Mahlzeiten trinken, solange das Bier noch leicht warm ist.

BIER STÄRKT HERZ UND KREISLAUF

Nachdem der Mensch durch Essen und Atmen Nährstoffe und Sauerstoff aufgenommen hat, müssen diese im Körper verteilt werden. Für diese Aufgabe ist das Herz zuständig, das diese Stoffe über das Blut und den Blutkreislauf durch den gesamten Körper schickt. Wird dieser Kreislauf gestört, so werden bestimmte Körperteile nicht hinreichend mit Sauerstoff oder Nährstoffen versorgt, es kann zu schwerwiegenden Erkrankungen kommen. Die häufigste Störung des Blutkreislaufes ist der Bluthochdruck, der durch verengte Blutgefäße verursacht wird. Zusammen mit fettreicher Ernährung, Streß und Nikotin kann er zu koronaren Herzerkrankungen wie Herzinfarkt oder Schlaganfall führen. Die Folgen sind nicht selten tödlich. Was kann nun aber das Bier tun, um dieses Risiko herabzusetzen? Ganz einfach: der Alkohol im Bier erweitert die Gefäße und senkt somit den Blutdruck. Das Risiko einer koronaren Herzerkrankung wird also erheblich verringert. Dazu kommt noch, daß Bier die Ausscheidung von Magnesium und Kalium herabsetzt, dadurch wird der Blutdruck ebenfalls gesenkt. Bier hat also eine positive Wirkung auf Herz und Blutkreislauf und vermindert die Gefahr, einen Herzinfarkt oder Schlaganfall zu erleiden. In diesem Fall ist jedoch die Menge des konsumierten Alkohols besonders wichtig: Nimmt der Mensch nämlich Alkohol in großen Mengen zu sich, so steigt der Blutdruck wieder und damit natürlich auch das Krankheitsrisiko! Ein sicheres Anzeichen für Bluthochdruck ist übrigens auch die auffallend rote Gesichtsfarbe, wie sie häufig bei Alkoholikern zu finden ist.

BIER HILFT BEI NIEREN-ERKRANKUNGEN

Von dieser durchblutungsfördernden Wirkung des Gerstensaftes profitieren auch die Nieren. Schon seit Jahrhunderten wird deshalb Bier als Heilmittel bei Nierenerkrankungen verordnet. Da Bier selbst so gut wie kein Kochsalz enthält, hilft es, Salz aus dem menschlichen Gewebe auszuscheiden. Außerdem fördert Bier die Harnausscheidung und trägt somit zur Reinigung des Körpers bei.

Christus mit Adam und Eva in der Apotheke.
Als himmlischer Arzt schreibt er die Verordnung für die sündige Menschheit. (aus Frankreich 16. Jh.)

BIER ZUR GEWEBE-ENTWÄSSERUNG

Alkohol, Kohlensäure und Salze bewirken, daß Bier vom Körper schneller resorbiert wird als Wasser. Darüber hinaus regt der Alkohol Herz- und Nierentätigkeit an und begünstigt somit die Ausscheidung dieser schnell resorbierten Flüssigkeit. Bier wirkt also harntreibend. Da es zudem so gut wie keine Kochsalze enthält, werden Natrium-Ionen ausgeschwemmt. Auch andere Schadstoffe werden auf diese Weise ausgeschieden, das Körpergewebe wird entwässert.

BIER ALS AUFBAUNAHRUNG NACH OPERATIONEN UND KRANKHEITEN

Speziell nach Operationen und Krankheiten stellt Bier eine wertvolle Aufbaunahrung dar. Da durch den Brauprozeß die Inhaltsstoffe von Malz und Hopfen gewissermaßen schon vorverdaut sind, können sie leichter vom Körper aufgenommen werden. Der geschwächte Organismus wird also nicht noch zusätzlich belastet. Wie wir gerade gelernt haben, wirkt Bier appetitanregend - auch das ist für Genesende wichtig, wenn sie wieder zu Kräften kommen wollen. Gerade Malzbier ist - im Gegensatz zu den anderen Biersorten - recht kalorienreich und daher als Aufbaunahrung besonders gut geeignet. Die „Braunschweiger Mumme“, eine Malzbiersorte, wird sogar heute noch in Apotheken verkauft - ein Zeichen dafür, daß sie ein anerkanntes Heilmittel ist.

VORURTEILE UND DAS RECHTE MASS

MACHT BIER DICK?

Die Gewebeentwässerung, die das Bier bewirkt, läßt den Menschen nicht zu-, sondern abnehmen. Dazu kommt noch, daß Bier den Fett- und Zuckerstoffwechsel positiv beeinflußt. Fett wird also schneller abgebaut, der Mensch nimmt ab. Ein für alle Mal sei also das alte Vorurteil, Bier mache dick, aus dem Weg geräumt. Wie wird ein Mensch aber überhaupt dick? Und was hat es mit dem berüchtigten Bierbauch auf sich? Jedes Essen oder Trinken führt dem Menschen Energie zu. Arbeitet der Mensch hart, so wird diese auch wieder verbraucht. Was nicht an Energie benötigt wird, bildet dagegen Fett. Bei Menschen, die sich wenig bewegen, aber viel essen und trinken, besteht also die Gefahr, daß sie zunehmen. Jedoch ist daran nicht das Bier schuld. Bier hat nämlich im Vergleich zu anderen Getränken relativ wenige Kalorien.

KALORIENGEHALT VERSCHIEDENER GETRÄNKE (PRO LITER)

Bockbier	600 kcal.
Weißbier	460 kcal.
Kölsch	440 kcal.
Pils	430 kcal.
Alt	430 kcal.
Alkoholfreies Bier	280 kcal.
Limonade	450 kcal.
Vollmilch	680 kcal.
Kaffee	400 kcal.
Orangensaft	480 kcal.
Weißwein	610 kcal.

Wir sehen also: das einzige Getränk, das weniger Kalorien hat als Bier ist der Kaffee. Milch und Orangensaft, die stets als so gesund gepriesen werden, haben dagegen wesentlich mehr Kalorien!
Leider gibt es aber doch einen Zusammenhang zwischen Biertrinken und Gewichtszunahme, jedoch nimmt ein Mensch nicht durch das Bier selbst zu, sondern vielmehr durch den Appetit, den das Bier macht. Da das Bier durch Mälzen und Maischen gewissermaßen schon vorverdaut ist, ist es selbst relativ leicht verdaulich. Es entsteht also kein Völlegefühl, obwohl man schon einiges an Nährstoffen zu sich genommen hat. Dazu kommt noch, daß Hopfen, Alkohol und Kohlenhydrate den Appetit anregen, der Mensch also durch den Biergenuß zum Essen verführt wird. Schließlich wirkt das Bier selbst auch verdauungsfördernd. Auch wenn man beim Essen einmal über die Stränge geschlagen haben sollte, merkt man das nicht, wenn man ein Bier dazu getrunken hat. Die Folge: Wenn der Mensch Bier zum Essen trinkt, neigt er häufig dazu, zu viel zu essen. Das Bier an sich macht dabei aber nicht dick!

VORURTEILE UND DAS RECHTE MASS

Wie wir schon gesehen haben, sind eine Menge Vorurteile, die dem Bier entgegengebracht werden, schlicht und einfach falsch. Bier selbst macht nämlich keineswegs dick

– der sogenannte „Bierbauch“ ist also lediglich eine Legende! Auch der immer wieder gehörte Vorwurf, Alkohol fördere die Gewaltbereitschaft der Menschen, darf nicht so einfach pauschalisiert werden. Es stimmt zwar, daß ein Großteil der Verbrechen unter Alkoholeinfluß verübt wird, doch sind dabei auch die Menge und die Art der Alkoholika zu berücksichtigen. Nach einem Glas Bier werden Menschen nur sehr selten gewalttätig und aggressiv.

MACHT BIER SÜCHTIG?

Dennoch dürfen die Gefahren des Alkoholkonsums natürlich nicht verharmlost werden. Die Gefahr der Abhängigkeit ist gegeben und Bier kann dabei sehr wohl als Einstiegsdroge dienen. Leber und Gehirn können durch übermäßigen Alkoholkonsum irreparable Schäden erleiden. Deshalb sollte Alkohol stets in Maßen genossen werden, so daß er gesundheitsfördernd, nicht schädlich ist. Zu dieser Erkenntnis kam auch schon Paracelsus: „Allein die Dosis macht, daß ein Ding kein Gift ist“, denn allzuviel ist auch beim Bier ungesund!

WIEVIEL BIER DARF DER MENSCH TRINKEN?

„Na schön“, werden viele von Ihnen jetzt sagen. „Was heißt nun aber in Maßen? Wieviel Bier darf ich denn eigentlich trinken?“ Schließlich will ja niemand durch ein Übermaß an Gesundheitsbewußtsein seinen Körper schädigen.
Rein organisch gesehen, ist ein Liter Bier pro Tag für die Leber noch nicht schädlich. Und um Bedenken wegen des Alkoholgehalts aus dem Weg zu räumen: Wer einen Liter Vollbier in einer Stunde trinkt, erhält einen Blutalkoholgehalt von etwa 0,7 Promille. Nach altem Recht galt er damit noch als fahrtüchtig, seit aber im Mai 1998 die Promillegrenze auf 0,5 Promille gesenkt wurde, heißt es in diesem Fall: das Auto lieber stehen lassen. Ein Liter Starkbier in einer Stunde getrunken, ergibt dagegen bereits einen Blutalkoholgehalt von 1,2 Promille. Sowohl nach altem als auch nach neuem Recht darf man sich hier keinesfalls mehr ans Steuer setzen. Natürlich sind diese Werte nur Richtwerte, denn die Verträglichkeit von Alkohol hängt von einer Vielzahl von Faktoren ab. Eine große Rolle spielt das Gewicht des Biertrinkers, ebenso wichtig ist die Häufigkeit des Alkoholkonsums. Jemand, der nie Alkohol trinkt, kann bereits nach dem Genuß von 0,2 Litern Bier fahruntüchtig sein!
Untersuchungen haben ergeben, daß gewisse Krankheiten bei völliger Abstinenz häufiger auftreten als bei mäßigem Alkoholgenuß; am besten ist also der goldene Mittelweg. Schon 1862 empfahl der englische Neurologe Sir Francis Anstie den Genuß von einem Liter Bier pro Tag und er liegt dabei keineswegs falsch. Für einen gesunden Mann, der etwa 80 kg wiegt, ist diese Menge gerade richtig, um ihn gesund zu halten. Daß Frauen weniger Alkohol vertragen, ist aber keine Erfindung von Männern, die ihre Frauen vom Trinken abhalten wollen: Abgesehen davon, daß Frauen in der Regel leichter als Männer sind, produzieren sie geringere Mengen eines Enzyms namens Alkoholdehydrogenase, das für den Abbau von Alkohol im Körper zuständig ist. Frauen bauen deshalb Alkohol langsamer ab als Männer, ihr Blutalkoholspiegel wird dadurch leicht höher. Sie sollten deshalb nur einen halben bis zwei drittel Liter Bier pro Tag zu sich nehmen, um gesund zu bleiben.

Ebenso wichtig für die Gesundheit wie die Menge des Alkohols sind aber eine ausgewogene Ernährung und die Trinkgewohnheiten eines Menschen. „Ein Liter Bier pro Tag", mag manch einer denken, „das sind dreißig Liter im Monat. Da kann ich mich also am Wochenende immer schön betrinken und lebe dabei auch noch gesund!" Das ist jedoch sicherlich nicht richtig. Am besten verteilt man diesen Liter Bier über den Tag, und trinkt ihn in zwei oder drei Gängen. Auch die Stärke des Bieres darf dabei nicht unberücksichtigt bleiben, denn es macht einen Unterschied, ob man einen Liter Vollbier oder einen Liter Starkbier pro Tag zu sich nimmt.

Auch wenn Bier wegen seines Gehaltes an Vitaminen und Mineralstoffen ein geringeres Gesundheitrisiko ist als andere alkoholische Getränke, so sollten dennoch einige Regeln zum Umgang mit dem Gerstensaft beachtet werden:

Nie auf leeren Magen trinken, schon gar nicht bei großem Durst! Bier sollte immer eine „Unterlage" haben, selbst wenn es sich nur um eine Stück Brot handelt.

Auf eine ausgewogene Ernährung achten! Vitaminreiche Kost kann die negativen Auswirkungen des Alkohols dämpfen.

Nie Alkohol trinken, um Probleme zu vergessen! Die Gefahr, in einen Abhängigkeitszustand zu geraten, ist in einem solchen Fall groß.

BIER FÜR SPORTLER

Neben kranken und rekonvaleszenten Menschen können auch Sportler vom gesundheitlichen Wert des Bieres profitieren. Nicht nur gleicht das Trinken von Bier den durch das Schwitzen beim Sport erlittenen Flüssigkeitsverlust rasch aus, sondern es steigert ebenfalls die Konzentrations- und Leistungsfähigkeit des Sportlers, da es ihm wichtige Mineralstoffe und Spurenelemente liefert. Ein weiterer Vorteil des Bieres ist das günstige Verhältnis von Kohlenhydraten und Gesamtkalorien. Mit einem Anteil von 60 Prozent entsprechen die Kohlenhydrate genau dem von der Deutschen Gesellschaft für eine gesunde Ernährung empfohlenen Wert. Zu diesen Kohlenhydraten gehören sowohl schnell resobierbare Zucker als auch Dextrine, die etwas langsamer vom Körper aufgenommen werden. So liefert Bier dem Körper gleichzeitig kurzfristige und längerfristige Energie. Da Bier die Herz-Kreislauf-Funktion anregt, steigert es die Lungenventilation und beschleunigt so die Aufnahme von Sauerstoff. Ein Test, der am Institut für Sportmedizin in Rom an zwanzig Sportlern durchgeführt wurde, brachte ebenfalls ein interessantes Ergebnis: Nachdem die Sportler einen Monat lang jeden Tag einen Liter Bier getrunken hatten – andere Getränke außer Wasser waren verboten –, steigerte sich ihre Reaktionsfähigkeit enorm. So eignet sich Bier durchaus als Aufbau- und Ausgleichsgetränk von Sportlern. Allerdings sollte man dabei auf alkoholfreies oder alkoholarmes Bier zurückgreifen, da Sportler meist sehr durstig sind und hohe Mengen an Flüssigkeit zu sich nehmen müssen, um die Verluste auszugleichen. Denn schließlich wünscht sich ja niemand, daß die sportlichen Leistungen durch ein Übermaß an Alkohol beeinträchtigt werden!

Bier kann also sowohl als Aufbaumittel als auch zur gezielten Behandlung verschiedener Krankheiten eingesetzt werden und sein Ruf als natürliches, sanftes Heilmittel ist gerade in den letzten Jahren angewachsen. Dennoch werden dem Alkohol nach wie vor eine Menge Vorurteile entgegengebracht.

Bier macht schön

BIER FÜR ZÄHNE, HAUT UND HAAR

„Wahre Schönheit kommt von innen" ist eine uralte Weisheit. Wie wir gesehen haben, sind Menschen, die regelmäßig Bier trinken, gesünder und ausgeglichener als andere Menschen. Diese gute körperliche und seelische Verfassung spiegelt sich natürlich auch in ihrem Äußeren wider: eine gesündere Haut ist nur ein Beispiel für die positive Auswirkung von Bier auf die Schönheit eines Menschen. In diesem Fall könnte man Bier – analog zur Medizin – als Kosmetikum zur inneren Anwendung bezeichnen, denn das Bier entfaltet seine Wirkung hier von innen heraus.

Bier hat nicht nur wunderbare Gefäße verdient – wie diese alten Pokale –, es macht auch schön.

Doch ist Bier zugleich als Kosmetikum zur äußeren Anwendung geeignet. Auch dies ist der Menschheit schon seit Jahrhunderten, wenn nicht sogar Jahrtausenden bekannt. So findet sich schon bei dem römischen Schriftsteller Plinius ein Verweis auf ägyptische Frauen, die ihren Teint mit Bier aufbesserten. Königin Luise von Preußen (1776–1810) soll angeblich auf Anraten ihres Mannes ihren Busen dreimal täglich mit Bier eingerieben haben. Davon erhoffte sie sich eine straffere Haut und eine festere Brust. Besonders wichtig für die kosmetische Anwendung des Bieres war dabei immer der Schaum. So konnte man auf dem Land nicht selten junge Mädchen sehen, die im Gasthaus das erste Glas Bier nach dem Anstich erstanden – natürlich nur um der Schönheit willen. Was bewirkt das Bier nun aber im einzelnen für unsere Schönheit?

BIER FÜR DIE HAUT

Die Haut ist ein wichtiges Organ des menschlichen Körpers: Sie schützt uns vor schädlichen Umwelteinflüssen, Bakterien und Keimen, speichert Fett und Vitamine und reguliert unseren Wärmehaushalt. Um diese Aufgaben optimal erfüllen zu können, benötigt die Haut Vitamine, vor allem Vitamine der B-Gruppe. Diese können vom Körper nicht gespeichert werden, wir müssen sie daher täglich neu zu uns nehmen. Wie wir ja wissen, enthält Bier einen hohen Anteil an eben diesen Vitaminen, wir können also bereits durch ein Glas Bier pro Tag unserer Haut etwas Gutes tun. Darüber hinaus wirken die im Bier enthaltenen Hefeteilchen blutreinigend und sagen so lästigen und ungesunden Pickeln, Mitessern und Hautausschlägen den Kampf an. Bier kann also Ausse-

hen und Widerstandskraft unserer Haut entscheidend verbessern.
Zwei Hautprobleme kennt der Mensch: trockene und fettige Haut. Das gefährlichere Problem ist dabei die trockene Haut, denn auf ihr können sich leichter Pilze ansiedeln, und sie ist anfälliger für Bakterien und Schadstoffe. Auch verringert sich die Spannkraft der Haut, die Faltenbildung wird beschleunigt - der Mensch altert schneller. Fettige Haut dagegen entsteht dadurch, daß die Talgdrüsen mehr Talg als nötig absondern. In den Poren können sich dann schnell Bakterien ansiedeln. Die Folge: Pickel, Mitesser, unreine Haut.
Beiden Hautproblemen kann man mit Bier zu Leibe rücken. Bei trockener Haut empfiehlt sich eine

MASKE AUS BIER UND AVOCADOS

Zutaten:

1	*Avocado*
1 EL	*Honig*
1 EL	*Apfelessig*
1 EL	*Jojobaöl*
1 TL	*Weißbier*

Zubereitung:
Fruchtfleisch aus der Avocado lösen, zerdrücken und mit den übrigen Zutaten vermischen. Daraus eine Masse anrühren und auf das Gesicht auftragen. Mindestens eine Stunde lang einwirken lassen. Anschließend mit Leitungswasser abspülen.

Auch für fettige Haut gibt es zwei bewährte Hausmittel:

REINIGUNGSWASSER

Zutaten:

1 EL	*Apfelessig*
2 EL	*Bier*
2	*Tropfen Teebaumöl*

Zubereitung:
Zutaten in ein Glas geben und bis zur Hälfte mit Wasser auffüllen. Mit dieser Mischung einmal täglich waschen.

BIERHEFE-MASKE

Zutaten:

4 EL	*Bierhefe*
1 TL	*Honig*
	destilliertes Wasser

Zubereitung:
Bierhefe mit Honig und Wasser zu einer Paste verrühren. Auf das Gesicht auftragen und zehn bis fünfzehn Minuten einwirken lassen. Anschließend mit lauwarmem Wasser abwaschen.

Bierhefe, eine Vitamin-B-reiche Hefeform, fällt bei der Bierherstellung an. Sie ist ebenfalls ein bewährtes Hausmittel, mit dem man fettiger Haut und Akne zu Leibe rücken kann.

Wer eine gesunde und unproblematische Haut hat, kann sich glücklich schätzen und sollte alles daran setzen, diesen Zustand zu erhalten. Hilfe leisten können dabei die folgenden Rezepte:

HAUTSCHUTZCREME AUS BIER

Zutaten:

1-2 EL	*Vollbier*
2 EL	*Jojobaöl*

Zubereitung:
Die Zutaten gründlich verrühren, bis eine schaumige Masse entsteht. Täglich auftragen.

HAUTREINIGUNGSWASSER AUS BIER

Zutaten:

2 EL	*Vollbier*
1 Tropfen	*Manuka-Teebaumöl*

Zubereitung:
Manuka-Teebaumöl in das Bier geben. Diese Mischung reinigt die Haut. Wer will, kann sie auch mit Wasser verdünnen.

MASKE AUS BIER UND PFIRSICH

Zutaten:

1	*Pfirsich ohne Schale*
2 TL	*Vollbier*
1 TL	*Honig*
1 TL	*Jojobaöl*

Zubereitung:
Zutaten im Mixer vermischen, bis sie eine einheitliche Masse bilden. Auf das Gesicht auftragen und mindestens eine Stunde einwirken lassen.

BIERBAD ZUR HAUTPFLEGE

Zutaten:

1 Tasse	*Weißbier*
1 Tasse	*Apfelessig*
2 EL	*Milch*
1 TL	*Meersalz*

Zubereitung:
Weißbier, Apfelessig, Milch und Meersalz vermischen und in die Badewanne geben. Badewasser einlassen, bis es eine Temperatur von 37 Grad erreicht hat. Etwa 15 bis 20 Minuten baden.
Um eine optimale Wirkung für die Haut zu erzielen, sollte man etwa ein- bis zweimal pro Woche ein solches Bierbad nehmen.

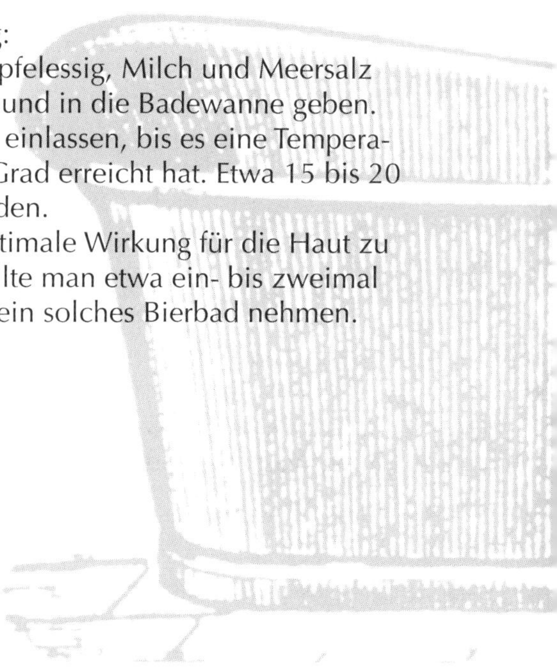

Schönheit

BIER FÜR DIE ZAHNPFLEGE

Die richtige Zahnpflege kann nichts und niemand ersetzen, doch kann man auch in diesem Bereich ein wenig mit Bier nachhelfen. Das folgende Mundwasser schützt das Zahnfleisch vor Entzündungen und sorgt für einen angenehmen Atem.

MUNDWASSER

Zutaten:

2 EL	*Bier*
3 Tropfen	*Teebaumöl*
	Saft einer halben Zitrone

Zubereitung:
Zutaten in ein halbes Glas Wasser geben. Nach dem Zähneputzen gut zwei Minuten lang mit dieser Mischung gurgeln.

BIER FÜR DAS HAAR

Voraussetzung für gesundes Haar ist ein gut funktionierender Stoffwechsel und eine ausreichende Versorgung mit Vitaminen und Mineralstoffen. Wir wissen bereits, daß diese im Bier in großer Menge vorhanden sind – Biertrinken hilft also sogar dem Haar! Doch auch äußerlich kann man Bier bei der Haarpflege anwenden, sowohl bei normalem, gesundem Haar als auch bei Problemhaar. Sein hoher Gehalt an Protein und Vitamin-B läßt unseren Gerstensaft zu einem bewährten Haarpflegemittel werden. Bevor Sie loslegen, hier noch ein allgemeiner Tip: Bei hellem Haar empfiehlt sich helles Bier, bei dunklem Haar dunkles Bier.

HAARWÄSCHE MIT BIER

Schon seit Urzeiten kennt man dieses Rezept für schöneres Haar. Einfach die Haare mit Bier waschen, sie werden so nämlich weich und seidig. Allerdings sollte man das Bier nach der Wäsche mit warmem Wasser wieder ausspülen, sonst wirkt es nämlich als Haarfestiger!

BIER ALS HAARFESTIGER

Wer diesen Styling-Effekt jedoch wünscht, sollte sein Haar nach dem Waschen mit Bier spülen und es anschließend naß stylen. So wird es auf natürliche Weise gefestigt. Wenn man das Bier danach nicht auskämmt, kringeln sich Locken sauberer und man kann sein Haar zu abenteuerlichen Frisuren formen!

BIER ALS HAARSPRAY

Diese festigende Wirkung des Bieres kann man noch verstärken, indem man gezielt Haarspray aus Bier herstellt.

Zutaten:
0,1 l *helles Bier*
0,2 l *Wasser*
60 ml *Weingeist (90 Prozent)*
9 *Tropfen Bergamottöl*

Zubereitung:
Bier und Wasser vermischen und solange kochen, bis der Biergeruch verschwunden ist. Abkühlen lassen. Durch einen Kaffeefilter in eine Schüssel laufen lassen. Weingeist und Bergamottöl dazugeben und verrühren.

BIER FÜR PROBLEMHAAR

Sowohl fettigem als auch sprödem und glanzlosem Haar kann man mit Hilfe von Bier den Kampf ansagen.

SHAMPOO AUS BIER UND APFELESSIG (BEI FETTIGEM HAAR)

Vor allem Menschen mit feinem Haar leiden unter fettigem Haar. Die Erklärung hierfür ist einfach: An der Wurzel eines jeden Haares befindet sich eine Talgdrüse, die Fett produziert. Menschen mit feinem Haar haben besonders viele Haare und daher auch viele Talgdrüsen, sie produzieren also mehr Fett. Mit einem Shampoo aus Bier und Apfelessig kann man dieses Problem jedoch in den Griff bekommen.

Zutaten:
1 EL *Bier*
1 TL *Apfelessig*
1 EL *mildes Haar-Shampoo*

Zubereitung:
Bier und Apfelessig mit dem Haar-Shampoo verrühren und die Haare mit dieser Mischung shampoonieren.

SHAMPOO AUS BIER UND EIGELB (BEI GLANZLOSEM HAAR)

Zutaten:
1 TL *Bier*
1 *Eigelb*
1 EL *mildes Haar-Shampoo*

Zubereitung:
Zutaten vermischen und Shampoo auf das Haar auftragen. Fünf Minuten einwirken lassen, dann ausspülen.

SHAMPOO AUS BIER UND HONIG (BEI SCHUPPEN UND FETTIGEM HAAR)

Zutaten:
1 EL *Bier*
1 TL *Honig*
1 EL *mildes Haar-Shampoo*

Zubereitung:
Bier und Honig mit dem Haar-Shampoo verrühren und die Haare mit dieser Mischung shampoonieren.

Schönheit

BIER-EI-PACKUNG
(BEI DÜNNEM UND SPRÖDEM HAAR)

Zutaten:

0,3 l	*Bier*
1	*Eigelb*

Bier und Eigelb verrühren und in das nasse Haar einmassieren. Unter einer Duschhaube etwa 15 Minuten einwirken lassen. Anschließend ausspülen.

HILFE BEI HAARAUSFALL

Haarausfall kann unterschiedliche Gründe haben. Bei Frauen steckt oft ein Eisen- oder Östrogenmangel dahinter, der durch Hormone oder Medikamente behoben werden kann, bei Männern wird Haarausfall in den meisten Fällen durch Alter, Veranlagung und hormonell verursacht. Diese drei Faktoren sind kaum zu beeinflussen, dennoch kann man etwas tun, um das verbliebene Haar zu stärken:

BIERWÄSCHE

Zutaten:

0,2 l	*helles Bier*

Haar mit warmem Wasser spülen. Die Hälfte des Bieres in die Kopfhaut einmassieren. Fünfzehn Minuten einwirken lassen, dann mit warmem Wasser ausspülen. Die zweite Hälfte des Bieres auf die Kopfhaut geben und nicht mehr ausspülen. Haare kämmen und trocknen lassen. Das Bier zieht so gut in die Kopfhaut ein, daß kein Geruch zurückbleibt. Diese Bierwäsche kräftigt das Haar und schützt so vor weiterem Haarausfall.

BEHANDLUNG MIT BIER UND QUECKEN-WURZELN

Zutaten:

0,2 l	*Bier*
60 g	*fein zerriebene Queckenwurzeln*

Zubereitung:
Bier und Queckenwurzeln in einen Topf geben und aufkochen lassen. Nach dem Abkühlen abseihen. Haare normal waschen und Flüssigkeit in das handtuchtrockene Haar einmassieren. Nicht mehr ausspülen.

Zum Nachschlag

Bier-ABC

Wer auf die Schnelle nach einer Erklärung für Begriffe rund ums Bier sucht, kann hier nachschlagen.

Alkohol
Entsteht bei der Gärung durch die Umwandlung von Malzzucker (Maltose) zu Alkohol und Kohlensäure.

Alkoholfreies Bier
Bier mit einem Alkoholgehalt von unter 0,5 Prozent. Alkoholfreies Bier entsteht, indem dem Bier der Alkohol auf künstliche Weise entzogen wird.

Altbier
Bier, das nach alter Brauweise hergestellt wird, nämlich obergärig.

Aroma
Abhängig von verschiedenen Faktoren wie Auswahl der Rohstoffe, Gärführung oder Reifung bis zur Abfüllung.

Bockbier
Süddeutsche Bezeichnung für Starkbier.

Darren
Trocknungsprozeß in der Mälzerei.

Diätbier
Bier für Diabetiker mit einem besonders niedrigen Anteil an Kohlehydraten.

Einfachbier
Bier, dessen Stammwürzegehalt zwischen 2 und 5,5 Prozent liegt.

Eisbock
Stärkstes Bier der Welt. Entsteht durch das Einfrieren von Bockbier.

Export
Untergäriges Vollbier mit einem relativ hohen Stammwürzegehalt.

Gärung
Prozeß, bei dem der Malzzucker durch die Zugabe von Hefe in Alkohol und Kohlensäure umgewandelt wird.

Gerste
Getreidesorte, die zur Herstellung von Bier verwendet wird.

Hefe
Einzelliger Mikroorganismus, bewirkt bei der Gärung die Umwandlung von Malzzucker in Alkohol und Kohlensäure.

Hopfen
Maulbeergewächs, das dem Bier seinen charakteristischen herben Geschmack verleiht. Beim Brauen werden nur die unbefruchteten weiblichen Dolden verwendet.

Inhaltsstoffe
Kohlenhydrate, Eiweiß, Kohlensäure, Alkohol, Mineralien, Vitamine und Wasser.

Kohlenhydrate
Zuckerarten, die bei der Gärung in Alkohol und Kohlensäure umgewandelt werden.

Kohlensäure
Entsteht bei der Gärung durch die Umwandlung von Malzzucker (Maltose) zu Alkohol und Kohlensäure.

Kölsch
Altbier, das in Köln und Umgebung hergestellt wird.

Lagerbier
Untergäriges Vollbier.

Bier-ABC

Maischen
Vermischung des geschroteten Braumalzes mit Wasser.

Malz
Entsteht aus der Braugerste, die zum Aufquellen und Keimen gebracht wird.

Märzen
Untergäriges Vollbier, Oktoberfestbier.

Obergäriges Bier
Bier, das aus obergäriger Hefe gebraut ist. Gärt bei 15–20 Grad Celsius.

Pils, auch Pilsener
Untergäriges Vollbier, beliebtestes Bier in Deutschland.

Radler
Mixgetränk aus hellem Bier und Zitronenlimonade.

Rauchbier
Untergäriges Bier, bei dessen Herstellung das Malz nach wie vor über dem offenen Feuer gedarrt wird.

Reinheitsgebot
1516 von Herzog Wilhelm IV. erlassene Brauordnung, die als einzige Zutaten zum Bier Gerste, Hopfen und Wasser vorsieht.

Russ'
Weizenbier mit Zitronenlimonade.

Schankbier
Bier, dessen Stammwürzegehalt zwischen 7 und 8 Prozent liegt.

Schroten
Zerkleinern der Malzkörner vor Beginn des eigentlichen Brauvorgangs.

Spezial
Bier, das für einen speziellen Anlaß gebraut wird, z.B. Oktoberfestbier.

Stammwürzegehalt
Anteil von „Extrakt" (Malzzucker, Eiweiß, Mineralien, Vitamine, Aromastoffe) an 1 000 g Würze. Dient zur Einteilung des Bieres in Steuerklassen.

Starkbier
Bier, dessen Stammwürzegehalt zwischen 16 und 28 Prozent liegt.

Treber
Unlöslicher Malzrückstand, bleibt nach dem Abziehen der Würze im Läuterbottich.

Untergäriges Bier
Bier, das mit untergäriger Hefe gebraut wird. Gärt bei 4–9 Grad Celsius. Die meisten heute gebrauten Biere sind untergärige Biere.

Vollbier
Bier, dessen Stammwürzegehalt zwischen 11 und 14 Prozent liegt. Etwa 90 Prozent der in Deutschland hergestellten Biere gehören zu dieser Kategorie.

Wasser
Zutat zum Bierbrauen. Wichtig für die Geschmacksentwicklung des Bieres.

Weizen
Obergäriges Bier, bei dessen Herstellung Weizenmalz statt Gerstenmalz verwendet wird.

Würze
Flüssiger Teil der Maische, der unter Beigabe von Hopfen gekocht wird.

Rezepte von A–Z

Rezepte von A–Z

KOCHEN FÜR LEIB & SEELE

Das Kloster-Andechs Koch- und Lesebuch ordnet in der Tradition benediktinischer Gastlichkeit Geschichten und zünftige Rezepte nach den Lebensfesten (Taufe, Namenstag, Geburtstag, Erstkommunion, Firmung, Hochzeit usw.) und nach dem Kirchenjahr.
So finden sich nicht nur außergewöhnliche Rezepte mit praktischen Anleitungen für die Hochfeste Weihnachten, Ostern und Pfingsten, sondern auch Kulinarisches zu Mariä Lichtmeß, zur Fastenzeit, zum Laurenzi-Tag, zu Sankt Martin, Erntedank, Kirchweih und Nikolaus. Ein köstlicher Begleiter durch Küche und Brauchtum, gewürzt mit zahlreichen vergnüglichen Geschichten rund um Genießen und Fasten bis hin zur Gestaltung von Feierlichkeiten, Tischdekorationen und Menü-Variationen. Zahlreiche historische Abbildungen machen das Kloster-Andechs Kochbuch zu einem kulinarischen Gruß aus der „Guten alten Zeit".

Pater Anselm Bilgri /
Klaus-Wilhelm Gérard

Kochen für Leib & Seele
Das Kloster-Andechs Kochbuch

Gebunden, Schutzumschlag,
160 Seiten,
Format 26 × 20cm,
DM 39,80